Kami Print Verlag

Peter Schießl

Corel

PHOTO-PAINT X4

Schulungsbuch mit Übungen

ISBN 978-1-981017-72-0
Print on Demand since 08-2008
V240904 / Lindemann Group
Herausgeber: Lindemann BHIT, München
Postanschrift: LE/Schießl, Fortnerstr. 8, 80933 München
© Dipl.-Ing. (FH) Peter Schießl, München

Kontakt: E-Mail: post@kamiprint.de Fax: 0049 (0)89 99 95 46 83
www.lindemann-beer.com / www.kamiprint.de

Inhaltsverzeichnis

1. Vorwort

1.1 Der Aufbau dieses Buches

Anhand von praktischen Beispielen werden nach und nach alle Funktionen von PHOTO-PAINT erläutert:

- ♦ Zunächst die Grundfunktionen zum **Malen**. Diese Grundfunktionen brauchen Sie beim Bearbeiten von Fotos sowie eigenen Entwürfen.
  - ↳ Manche Werbeblätter sollen wie handgemalt aussehen und bei der Bearbeitung von Fotos soll gelegentlich eine Linie oder ein Text ergänzt werden.

- ♦ Dann die Möglichkeiten, um aus einer Photographie **Objekte** (z.B. ein Mensch, Ball, Flugzeug …) herauszuschneiden.
  - ↳ Das ist eine zwar mühevolle, doch alltägliche Arbeit für alle, die mit professioneller Bildbearbeitung zu tun haben.
  - ↳ Solche Objekte können in andere Bilder eingefügt werden.
  - ↳ Möglich mit den umfangreichen Maskenfunktionen. **Masken** sind Rahmen zum Markieren, was markiert wurde, kann kopiert und in andere Bilder oder Grafiken eingefügt werden.

- ♦ Und schließlich noch die zahlreichen PHOTO-PAINT-Funktionen, um Bilder anzupassen oder mit **Effekten** zu verfremden.
  - ↳ Gut z.B. um bei einem gescannten Bild die Helligkeit zu korrigieren oder für Effekte wie eine perspektivische Darstellung oder den Fischauge-Effekt.

1.2 Ihre Kenntnisse

PHOTO-PAINT wird in diesem Buch von Anfang an behandelt. Nicht jedoch allgemeine Computer- und Windows-**Grundkenntnisse**:

- ♦ Zum Zeichnen ist ein routinierter Umgang mit der **Maus** und der **Tastatur** erforderlich.

- ♦ Gezeichnet? Wohin speichern? Wie Sie eine **Datei** speichern, öffnen, umbenennen oder kopieren, sollten Sie bereits wissen.

- ♦ Programme installieren, **Ordner** erstellen, Festplatte durchsuchen, auf Diskette kopieren, auf CD sichern, die Bildschirmauflösung einstellen, drucken usw. kein Problem?

Alle diese Vorgänge, die zu den Computer-Grundkenntnissen gehören, sollten Sie beherrschen. Sonst ist es sinnvoller, wenn Sie zunächst einen *Kurs über Computer-Grundkenntnisse oder über das Computer-Betriebssystem (z.B. Windows XP)* besuchen.

Sie ersparen sich dadurch Frustrationen und werden anschließend mehr Spaß mit den Corel-Programmen haben.

1.3 CorelDRAW und Corel PHOTO-PAINT

Wozu CorelDRAW, wozu Corel PHOTO-PAINT? In der Praxis werden immer beide Programme benötigt:

- **PHOTO-PAINT**, um Computerbilder zu bearbeiten. Das sind meist eingescannte Fotos, Bilder einer Digitalkamera, aus dem Internet herunter geladene Bilder oder Fotos von einer Photo-CD.

- Fertiggestellte Fotos können anschließend im **CorelDRAW** mit Text und Grafikelementen kombiniert werden, damit z.B. eine Präsentationsfolie, ein Werbeblatt oder ein Plakat entsteht.

Diese Arbeitsteilung resultiert aus einem gewichtigen Unterschied zwischen Vektorgrafiken und Pixelbildern, der im nächsten Kapitel erläutert wird.

1.4 Arbeitsteilung in der Praxis

- Zuerst die Bilder oder Fotos in PHOTO-PAINT aufbereiten:
  - ✎ Fotos scannen oder nachbearbeiten, Objekte herausschneiden, Helligkeit variieren usw.,

- dann die Präsentation in CorelDRAW fertig stellen:
  - ✎ Bilder laden, Text und eigene Zeichnungselemente ergänzen.

- Betrachten Sie Werbeprospekte: dort sind immer Fotos mit anderem Hintergrund und Text kombiniert.

Wofür **CorelDRAW**	Wofür **PHOTO-PAINT** (Pixel)
Präsentationen	Bilder **scannen** und nachbearbeiten (z.B. Helligkeit korrigieren, Ränder wegschneiden …).
Werbeblätter	Fotos **bearbeiten** (z.B. einen Bildausschnitt erstellen).
Titelblätter von Büchern	Bilder, ClipArts in Pixelformaten **malen** oder bearbeiten.
Malen (detailliert)	**Malen** (wie von Hand, grob, "einfache Kinderbilder").
Zeichnungen	Objekte aus Fotos herausschneiden (freistellen), z.B. eine Person. Dieses Objekt kann in andere Dateien oder Fotos eingefügt werden.
Visitenkarten usw.	

<u>Textverarbeitung</u> sollte in keinem dieser Programme in größerem Umfang angestrebt werden. Grafikprogramme sind nicht für längere Texte ausgelegt, so dass hierfür Computersatz- oder Textverarbeitungsprogramme besser geeignet sind.

1.5 Was sind Objekte?

Werfen Sie einmal einen Blick in Ihre Fernsehzeitung oder in einen Werbeprospekt. Sie werden sehen, dass Ausschnitte eines Fotos vor einen ganz anderen Hintergrund gesetzt sind, z.B. das Bild einer Stereoanlage vor einer gelben Kontrastfarbe oder ein Schauspieler ohne den Hintergrund.

Um das zu erreichen, müssen diese **Objekte** (Mensch, Obst ...) aus dem Foto herausgeschnitten (=freigestellt) werden, was der klassische Anwendungsfall für PHOTO-PAINT ist.

Da dies für professionelle Arbeit unumgänglich und auch für private Bildbearbeitung äußerst interessant ist, werden wir uns ausführlich mit diesem Thema beschäftigen. Da Sie in einem Foto nicht so einfach etwas anklicken und damit markieren können, ist die Funktionsweise nicht so einfach ohne Anleitung zu durchschauen.

Um etwas aus einem Foto herauszuschneiden, ist dieser Bereich zuerst zu markieren, indem ein Markierungsrahmen erstellt wird. Das ist eine sogenannte **Maske**.

Was mit einer Maske markiert ist, kann kopiert und in das gleiche Bild oder beliebige andere Dateien eingefügt werden und ist damit ein Objekt: Objekte sind frei verschiebbare Bildteile.

1.6 Vorüberlegungen

1.6.1 Die Kunden

Jede Arbeit muss zu dem Kunden passen.

Für welchen Kundenkreis ist die Arbeit gedacht:

♦ Werbung für ein Modegeschäft oder Bestattungsunternehmen? Geburtstagsparty für die 4 oder 14 Jahre alte Tochter oder Weihnachtsfeier in der Firma?

♦ Standardregel: je jüngere Kunden, umso bunteres, modischeres Design, je ältere Kunden, umso sparsamere Farbgebung.

Welche Qualitätsansprüche sind für den Ausdruck erforderlich?

♦ Eine private Geburtstagseinladung oder ein Entwurf für einen Reiseprospekt in höchster Druckqualität?

   ♫ Kann das Bild auf dem eigenen Farbdrucker ausgegeben oder muss die Datei in die Druckerei gegeben werden?

Gute Tintenstrahl-Farbdrucker reichen nicht für geschäftliche Werbung! Hier muss eine Druckerei beauftragt werden. Sprechen Sie frühzeitig mit der Druckerei über Ihr Vorhaben und auch, wie die Daten zur Druckerei gelangen. Zeigen Sie der Druckerei **Beispielausdrucke.**

Vergleichen Sie Ihre Arbeiten mit denen der Profis. Die flattern Ihnen kostenlos als Werbung ins Haus.

1.6.2 Erste Entwürfe

Skizzen sind auf Papier schneller anzufertigen.

Dann stellt sich die Frage, ob das Vektorzeichenprogramm **CorelDRAW** oder das Pixelmalprogramm **Corel PHOTO-PAINT** für diese Aufgabe besser geeignet ist oder ob beide benötigt werden.

Erst überlegen, dann einschalten!

1.7 Bildgröße und Arbeitsspeicher

Wenn Sie eine ungefähre Vorstellung von dem Bild haben, gilt es, diese zu verwirklichen.

Dabei stellt sich, egal ob neu gemalt wird oder ein Bild gescannt werden soll, immer die Frage nach der **Bildgröße**, denn bei Bildern mit hoher Auflösung können Sie riesengroße Dateien erhalten.

- ◆ Kleine Bilder, z.B. in Fotogröße bis **10x15 cm** sind kein Problem.
  - ↪ Bei sehr guter Qualität mit **600 dpi** gescannt wird das Bild ungefähr 30 MB groß, komprimiert im jpg-Format gespeichert ergeben dies weniger als 3 MB.

> RAM

- ◆ Soll ein Foto dagegen als Hintergrund für ein Hochglanz-**Titelblatt** im **DIN-A4-Format** verwendet werden, so wird die Bilddatei bei dieser geforderten Qualität 50 bis 200 MB groß.
  - ↪ Darum ist für professionelle Arbeit mit Fotos möglichst viel **Arbeitsspeicher** sinnvoll, sonst wird der Rechner zu langsam, weil ständig auf die Festplatte ausgelagert werden muss.
  - ↪ Für private Bildbearbeitung sollten 2GB RAM (=Arbeitsspeicher) vorhanden sein, für professionelle 4GB oder mehr.

Der Speicherbedarf eines Bildes wird durch die Anzahl der Punkte (=Pixel von picture elements) bestimmt:

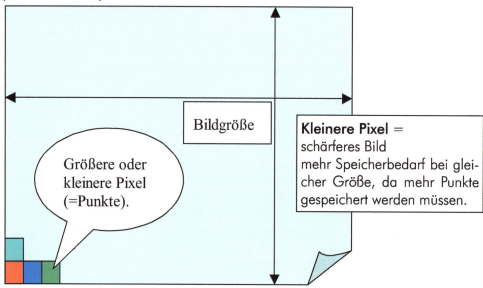

Bildgröße

Größere oder kleinere Pixel (=Punkte).

Kleinere Pixel =
schärferes Bild
mehr Speicherbedarf bei gleicher Größe, da mehr Punkte gespeichert werden müssen.

2. Vektor oder Pixel?

CorelDRAW ist ein **Vektor**-Zeichenprogramm, während PHOTO-PAINT die Bilder als **Pixel**grafiken speichert.

2.1 Vektor-Zeichnungen

Gezeichnete Elemente (Linien, Kreise, Rechtecke ...) werden als mathematische Funktionen (**Vektoren**) gespeichert: Linie von Punkt x_1,y_1 nach x_2,y_2.

Bei einer Linie wird folglich die Koordinate des Anfangs- und des Endpunktes vermerkt, zusätzlich die Liniendicke und -farbe.

- ◆ Aus diesem Grund kann jedes gezeichnete Element nachträglich in der Größe geändert oder verschoben werden.

- ◆ Selbst bei enormer Vergrößerung bleiben die Linien immer scharf.

Neben **CorelDRAW** gibt es zahlreiche andere vektororientierte Zeichenprogramme, daher auch einige unterschiedliche **Dateiendungen**, die von diesen Programmen verwendet werden.

Natürlich sind alle CAD-Programme ebenfalls

Vektor-Programme (Computer Aided Design = Computerunterstütztes Zeichnen, Programme für technisches Zeichnen).

2.2 Pixel-Bilder

Ähnlich wie bei dem Bildschirm wird ein Bild aus vielen Punkten zusammengesetzt. Zu jedem dieser **Punkte (=Pixel)** wird die Farbe gespeichert. Ihr Bildschirm könnte das Bild je nach Einstellung z.B. aus 1680 horizontalen und 1050 vertikalen Punkten aufbauen. Ein 24-Zoll-TFT-Bildschirm kann sogar 1920 horizontale und 1200 vertikale Punkte anzeigen.

Daraus erklärt sich, dass Bilddateien ziemlich groß werden und folgendes Problem entsteht: entweder **große Dateien** oder **schlechte Bildqualität**. Werden Pixelbilder vergrößert, treten die Punkte deutlich hervor. Anstatt gerader Linien sind Treppenstufen wie auf alten Nadeldruckern erkennbar.

Übersicht Pixel-Grafiken:

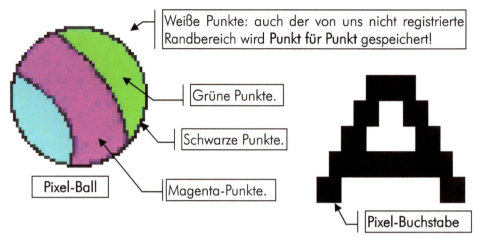

Weiße Punkte: auch der von uns nicht registrierte Randbereich wird **Punkt für Punkt** gespeichert!

Grüne Punkte.

Schwarze Punkte.

Pixel-Ball

Magenta-Punkte.

Pixel-Buchstabe

Komprimieren:

- Selbst "leere" weiße Flächen werden Punkt für Punkt gespeichert. Hier kann mit der Komprimierung die Dateigröße vermindert werden.

  ↪ Die Formel: ab jetzt **1000 x weißer Punkt** kann kürzer als **1000 weiße Punkte** gespeichert werden. Darum können Bilder mit einheitlichen Bereichen (z.B. gleichmäßig blauer Himmel) wesentlich stärker komprimiert werden als total bunte Bilder.

- Nachteil: bei jedem Laden oder Speichern muss der Computer die Komprimierung berechnen.

Die beste Komprimierung erreicht das **jpg**-Dateiformat. Im PHOTO-PAINT Datei-Speichern **unter** wählen und als Dateityp **jpg** angeben.

jpg

2.3 Im Vergleich

Aus den Unterschieden der beiden Formate erklären sich die Vor- und Nachteile.

Vorteile von Vektorgrafiken (CorelDRAW):

- kleine Dateien mit scharfen, präzisen Linien und Kanten,

- Objekte (z.B. Rechteck, Kreis) können beliebig verändert werden,

- Spezialeffekte sind möglich, z.B. Schatten zu einem Text ergänzen.

Wofür dann überhaupt noch Pixel-Grafiken (PHOTO-PAINT)?

- Pixel-Grafiken sind ein unumgängliches Übel, weil jeder **Scanner** ein Bild Zeile für Zeile, Punkt für Punkt abtastet und dabei die Farbe eines jeden Punktes speichert.

  ↪ Auch ein digitaler Fotoapparat speichert das Bild Punkt für Punkt, z.B. aus 6 Mega-Pixeln (6 Millionen Punkte pro Bild).

  ↪ Somit sind alle Bilder im Computer Pixelbilder.

- Ein anderer Anwendungsfall für ein Pixel-Programm ist das **Malen** wie mit Pinsel und Farbe auf eine Leinwand. Viele Werbegrafiken benutzen diesen Effekt z.B. für Pseudo-Kinderbilder.

Malen wie mit Pinsel und Farbe auf Leinwand

entspricht **Corel PHOTO-PAINT**: alles wird übermalt, weshalb sich wie in der Natur der vorherige Zustand nur mit großen Schwierigkeiten wiederherstellen lässt.

Die Grenze zu CorelDRAW verläuft hier jedoch fließend und von Version zu Version werden immer mehr Befehle aus PHOTO-PAINT in CorelDRAW integriert und umgekehrt, so dass ein Programmwechsel seltener erforderlich wird:

> ✎ in CorelDRAW können auch Fotos mit den Befehlen aus Photo-Paint bearbeitet werden und in PHOTO-PAINT kann mit verschiebbaren und löschbaren Objekten gearbeitet werden.

Detailliertes Malen bis Zeichnen, z.B. ein winterliches Haus mit Schnee auf dem Dach und rauchendem Schornstein, ist in CorelDRAW bereits sinnvoller, weil jederzeit korrigiert und geändert werden kann, bis alles passt, und weil z.B. ein Fenster nur einmal gezeichnet werden muss und dann beliebig oft kopiert werden kann.

2.4 Die Dateitypen

2.4.1 Theorie Dateiendung

Es gibt sehr viele verschiedene Zeichen- und Malprogramme. Jedes dieser Programme verwendet eine spezifische Dateiendung. Warum?

- ◆ Der **Dateiname** kann seit Windows 95 bis zu 255 Buchstaben lang sein.
  - ✎ Selbst Leertasten und übliche Sonderzeichen dürfen verwendet werden, jedoch kein\ (Backslash, trennt Ordner).

- ◆ Die **Dateiendung** besteht aus maximal drei Buchstaben, vom Dateinamen durch einen Punkt getrennt.
  - ✎ Darum sollten Sie auch keinen Punkt im Dateinamen verwenden.
  - ✎ Ab Windows 95 wird zusätzlich ein Symbol für jeden Dateityp und ein erläuternder Text, z.B. „Dateityp CorelDRAW Grafik", angezeigt.

- ◆ Zur Veranschaulichung:
  - ✎ Dateiname.**cpt** (cpt als **Dateiendung** für Corel PHOTO-PAINT).

Dateiendungen

zeigen an, mit welchem Programm die Datei erstellt wurde.

2.4.2 Dateiendungen anzeigen

Es ist also praktisch, die Dateiendungen zu sehen, z.B. können dann mit *.jpg alle auf Ihrem Rechner vorhandenen Fotos gesucht werden.

Leider werden seit Windows 95 die Dateiendungen nicht mehr angezeigt. Wie Sie das ändern können, finden Sie in unseren Windows-Büchern beschrieben.

Eine Kurzanleitung:

♦ Bei Windows Vista im Windows Explorer **Organisieren-Ordner- und Suchoptionen** wählen,

♦ dort auf der **Karteikarte Ansicht** die Optionen „Erweiterungen bei bekannten Dateitypen ausblenden" abschalten.

2.4.3 Dateitypen umwandeln

Wenn Sie einen Text in einem anderen Textverarbeitungsprogramm öffnen wollen, gehen meist einige Formatierungen verloren. Bei Grafikprogrammen funktioniert diese Umwandlung glücklicherweise sehr gut, so dass praktisch jede Bild- oder Grafikdatei in Corel **importiert** oder von Corel in ein anderes Format exportiert werden kann.

♦ Wenn Sie ein Foto geöffnet haben, können Sie mit dem Befehl „**Datei-Speichern unter**" dieses in einem anderen Format abspeichern.

   ✍ Bei Dateityp den gewünschten Dateityp auswählen. Bei jpg erscheint anschließend ein Menü, in dem der Komprimierungsgrad gewählt werden kann.

   ✍ Die Voreinstellung (10 % Komprimierung) bewirkt eine Reduzierung der Dateigröße um das 10-fache bei geringem Qualitätsverlust.

Dateiname:	neu-1.jpg	▼
Dateityp:	JPG - JPEG-Bitmaps (*.jpg;*.jtf;*.jff;*.jpeg)	▼

Masken oder **Objekte** können nur im PHOTO-PAINT-Format cpt gespeichert werden. Bei der Umwandlung in jpg erscheint darum eine Hinweis, dass Masken und Objekte mit dem Bild zusammengeführt werden. Masken werden dabei gelöscht, Objekte fest im Bild gespeichert.

♦ Bei der Standardinstallation werden nicht alle **Import- und Exportfilter** geladen! Ggf. nachinstallieren. Hierfür das Corel Setup erneut starten und die gewünschten Dateiformate nachladen.

♦ **ClipArts** und andere Vektor-Dateien sollten nie in PHOTO-PAINT geöffnet werden, da dies durch die Umwandlung in das Pixelformat einen Qualitätsverlust bedeutet!

   ✍ PHOTO-PAINT ist nur für Fotos (=Pixelbilder), CorelDRAW für Vektor-Zeichnungen!

2.4.4 Beispiele Dateiendung

Eine gewisse Kenntnis der Dateiendungen ist daher sehr nützlich, um die Dateitypen unterscheiden zu können:

Dateiendungen für Vektorgrafiken (Zeichnungen, Grafiken)	
cdr	CorelDRAW-Zeichnung.
ai	Adobe Illustrator-Datei.
eps	Encapsulated Postscript: ein Standardformat für Vektorgrafiken aus der Macintosh-Welt.
dwg	AutoCAD-Zeichnung (Abkürzung von Drawing).
wmf	Windows Metafile: ein von Microsoft verwendetes Format, daher z.B. in Word problemlos verwendbar, ebenso **emf** (enhanced metafile).

Dateiendungen für Pixel-Grafiken	
cpt	Corel **PHOTO-PAINT**-Bild
pcx	Früher waren viele ClipArts in diesem Format gespeichert. Durch Paintbrush ehemals große Verbreitung.
bmp	Bitmap: Windows-Hintergrundbilder sind in diesem Format gespeichert.
tif	Target Image File: früher Standard-Format für gescannte Bilder.
gif	Grafik Image File: Gute Komprimierung, daher empfehlenswert für Pixel-Grafiken, aber max. 256 Farben, zu wenig für Fotos.
pcd	Kodak-Foto-CD-Bilder: hervorragende Bildqualität, dementsprechend große Dateien. Beim Kopieren auf die Festplatte kann das Bild der gewünschten Qualität entsprechend verkleinert werden.
jpg	Sehr gute **Komprimierung**, daher sehr zu empfehlen, besonders, wenn ein zu großes Bild auf eine Diskette kopiert werden soll oder für das Internet.

Besonders im **Internet** sind die Übertragungszeiten das Problem, weshalb Bilder möglichst klein sein sollen. Darum ist das **jpg**-Format für Fotos optimal, gezeichnete Schaltflächen sind oft im **gif**-Format erstellt.

JPEG2000 (J2K) ist eine Fortentwicklung des jpg mit diesen Neuerungen:

♦ Bei jpg wurde das Bild in 8x8 große Pixelgruppen zerlegt, die dann komprimiert berechnet wurden. Bei stärkerer Komprimierung ab etwa 30% werden diese Blöcke erkennbar. Bei dem neuen JPEG2000 wird das Bild dagegen als Ganzes komprimiert. Eine höhere Komprimierung bei besserer Qualität kann damit erreicht werden.

♦ **Mehr Farbinformationen** und mehr Farbtreue auf unterschiedlichen Geräten durch das Farbprofil sRGB.

3. Die Datensicherung

Wenn Ihnen die Datensicherung ein Fremdwort ist, sollten Sie, wie gerade erwähnt, zuerst einen **Computer-Grundkurs** besuchen! Wegen der außerordentlichen Wichtigkeit dieses Themas für Bildbearbeitung folgt eine kurze Einführung.

Denn wenn Sie mit Fotos arbeiten wollen, ist meist eine große Menge an Bildmaterial verfügbar zu halten, was die Einsortierung in Ordner oder die Archivierung auf CDs erfordert.

Bilder sind sehr große Dateien, in die sehr viel Arbeitszeit und Mühe investiert wurde. Und wie es am Computer der Normalfall ist, können auch solche Bilder sehr schnell versehentlich gelöscht oder durch unbeabsichtigte Aktionen während dem Zeichnen beschädigt werden.

Dagegen hilft nur eines: **Sichern**. Doppelt und dreifach!

Der erste Schritt der Sicherung fängt bereits beim **Speichern** an. Denn wenn Sie gedankenlos alle Dateien einfach irgendwohin speichern, müssen Sie für die Sicherung immer erst die Dateien suchen, die Sie sichern wollen – ein unnötiger Aufwand!

3.1 Ordnung durch Ordner

Bildbearbeitung ist arbeitsaufwendig. Und für einen Prospekt oder einen Katalog könnten etliche Fotos anfallen, ebenso aber auch bei rein privatem Gebrauch einer Digitalkamera. Hier empfiehlt es sich, von Anfang an Ordnung zu bewahren.

Speichern Sie darum von Anfang an in passende **Ordner und Unterordner** (Ordner hießen im Windows 3.x Verzeichnisse).

Solch eine Ordnerstruktur könnte folgendermaßen aussehen:

♦ Einen **Ordner** für die **Fotos**.

♦ In diesem Ordner weitere **Unterordner** für die einzelnen Projekte: In dem Ordner Urlaub-94 finden sich alle hierzu gescannten Bilder.

Diese Struktur ist beliebig ausbaubar, z.B. einen **Hauptordner** Kunst, darin **Unterordner**, z.B. Bewerbung Akademie ...

Vorteile:

- ◆ Zum **Sichern** müssen die Zeichnungen nicht zusammengesucht, sondern der Ordner kann mit einem Mausklick ausgewählt werden.

- ◆ Zum **Finden**: durch die Ordner ist jedes Projekt leicht wieder zu finden, so dass es möglich ist, diese als Vorlagen für weitere, ähnliche Arbeiten zu verwenden.

- ◆ Zum **Entrümpeln**: sind die Bilder in Ordner aufgeräumt gespeichert, finden Sie die abgebrochenen Projekte und die misslungenen Versuche und können diese löschen.

Die ideale Ergänzung ist die Archivierung auf DVDs mittels **DVD-Brenner**. Und natürlich sind für Bildbearbeitung die großen Festplatten gerade richtig, sowie möglichst viel Arbeitsspeicher (>2 GB).

3.2 Worauf sichern?

Fotos sind sehr große Dateien, und mit einer Digitalkamera können schon einige tausende Fotos in ein oder zwei Jahren zusammenkommen, also sind leistungsfähige externe Speichermedien zur Datensicherung sinnvoll!

Veraltete Techniken:

- ◆ Disketten: nur 1,44 MB, langsam und unsicher.

- ◆ **Bandlaufwerke** (Streamer) ca. 250 MB bis 250 GB, nur noch für Profieinsatz interessant.

- ◆ **MO-Laufwerke** sind ähnlich wie Wechselfestplatten einzusetzen, gespeichert wird magnetisch-optisch. Hoher Anschaffungspreis.

- ◆ **CD-Brenner**: mit 700 MB Kapazität pro CD sind zwar preiswert, doch DVDs fassen 4,4 GB bis zu 8 GB (DL = double Layer).

Aktuell zu empfehlende Techniken mit gutem Preis-Leistungsverhältnis:

- ◆ **Wechselfestplatten** sind schnell, heute preiswert und z.B. als externe USB-Festplatten eine Alternative für große Datenmengen. Nur zum Sichern anschließen, vor dem Sichern die Festplatte auf Viren prüfen und danach an einem sicheren, ruhigen Ort bis zur nächsten Sicherung aufbewahren.

- ◆ **DVD-Brenner** bieten pro DVD 4,7 GB Speicherkapazität und sind damit für Fotos ideal, die neuesten sogar über 8 GB (double Layer oder DVD-RAM).

  - ✍ Viele Brennprogramme können die Fotos auch als Diashow brennen, die dann mittels DVD-Playern am Fernseher abgespielt werden können.

  - ✍ Die neueste und bald auch preislich erschwingliche Technik sind die HD- oder Blue Ray DVDs mit ca. 30 GB pro Scheibe.

Mindestens ein leistungsfähiges Medium sollte zur Datensicherung vorhanden sein!

3.3 Wie sichern

Wichtiger Grundsatz:

- Wenn eine Arbeit abgeschlossen ist, sollten zwei Kopien erstellt werden, von denen eine an einem anderen Ort, Idealerweise in einem **Brandschutzraum**, gelagert wird.
  - ↳ Ohne Brandschutzraum an einem anderen Ort (zu Hause, in der Arbeit oder bei Bekannten) aufbewahren,
  - ↳ denn fünf Sicherungen, die neben dem Computer gelagert werden, sind alle bei einem Computerbrand zerstört!

Gerade bei der Datensicherung gilt es, den Überblick zu behalten. Vielleicht passiert nichts, vielleicht aber gerade dann, wenn Sie einige Zeit nicht an die Sicherung gedacht haben.

Machen Sie sich deshalb einen Sicherungsplan!

Geringe Datenmengen (z.B. privater Computer):

- Während Sie an dem Projekt **XY** arbeiten, wird der Arbeitsordner in regelmäßigen Abständen auf eine wieder beschreibbare DVD gesichert und mit dem aktuellen Datum versehen.
  - ↳ Auf wieder beschreibbaren DVDs können Sie Datei- und Ordnernamen wie auf einer Festplatte umbenennen. Also den Ordnernamen mit Datum ergänzen, damit beim nächsten Sichern der alte Stand nicht überschrieben wird, sondern erhalten bleibt.

Große Datenmengen (Firma, täglich neue Zeichnungen):

- Fragen Sie Ihren Netzwerk-, bzw. **Systemverwalter**, ob eine automatische Datensicherung durchgeführt wird, wie oft und ob Sie evtl. noch weitere lokale Sicherungen durchführen sollen.
  - ↳ Wenn nicht, wie vordem beschrieben, regelmäßig z.B. auf einen lokalen CD-Brenner sichern.

Die meisten neueren Brennprogramme bieten eine Funktion zum **automatischen Vergleich** der geschriebenen Daten (Verifizierung). Dieser automatische Vergleich, bei dem nach dem Brennen auf CD oder DVD die Daten noch einmal mit dem Original auf der Festplatte verglichen werden, ist sehr wichtig, um sicherzustellen, dass die Sicherung in Ordnung ist. Jedes Staubkorn oder jeder Kratzer können sonst zu unerkannten Fehlern auf der Sicherung führen.

Zusammenfassung:

Am besten ist es, die Originale auf der Festplatte in geeigneten Ordnern aufzubewahren, eine Arbeitskopie zu erstellen und eine weitere Kopie an einem anderen Ort für den Notfall zu lagern.

Erster Teil

Zeichnen

im
PHOTO-PAINT

———————

4. Die Grundfunktionen

Starten Sie PHOTO-PAINT über die Startleiste im Windows (unten links):

> ➢ Start-Alle Programme-CorelDRAW Graphics Suite X4-**Corel PHOTO-PAINT X4**.

PHOTO-PAINT empfängt Sie mit diesem **Willkommen-Bildschirm**:

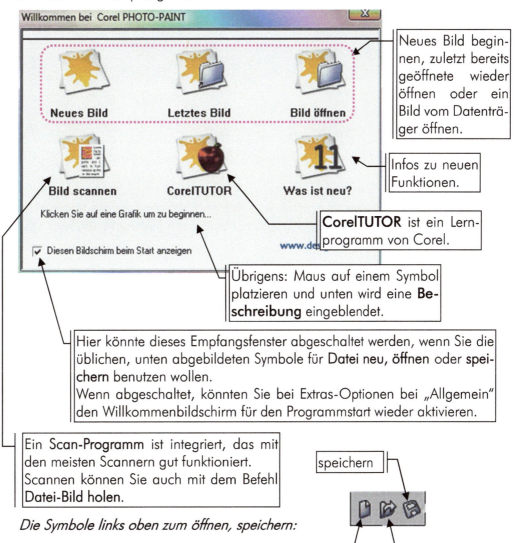

Neues Bild beginnen, zuletzt bereits geöffnete wieder öffnen oder ein Bild vom Datenträger öffnen.

Infos zu neuen Funktionen.

CorelTUTOR ist ein Lernprogramm von Corel.

Übrigens: Maus auf einem Symbol platzieren und unten wird eine **Beschreibung** eingeblendet.

Hier könnte dieses Empfangsfenster abgeschaltet werden, wenn Sie die üblichen, unten abgebildeten Symbole für **Datei neu**, **öffnen** oder **speichern** benutzen wollen.
Wenn abgeschaltet, könnten Sie bei Extras-Optionen bei „Allgemein" den Willkommenbildschirm für den Programmstart wieder aktivieren.

Ein **Scan-Programm** ist integriert, das mit den meisten Scannern gut funktioniert. Scannen können Sie auch mit dem Befehl **Datei-Bild holen**.

speichern

neu

öffnen

Die Symbole links oben zum öffnen, speichern:

> ➢ Beginnen wir das erste Bild. Wählen Sie auf einem der beschriebenen Wege ein **neues Bild**.

4.1 Die Dateigröße

In PHOTO-PAINT werden wir gefragt, wie groß das neue Bild werden soll. Deshalb erscheint dieses Fenster:

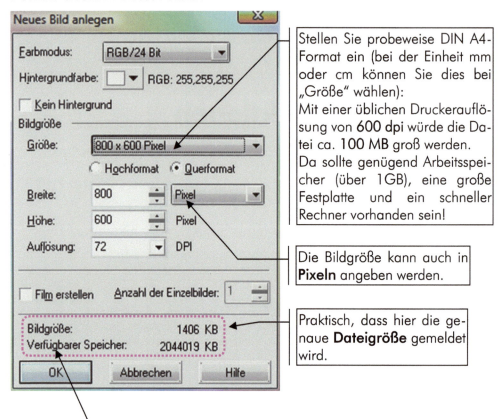

Stellen Sie probeweise DIN A4-Format ein (bei der Einheit mm oder cm können Sie dies bei „Größe" wählen):
Mit einer üblichen Druckerauflösung von **600 dpi** würde die Datei ca. **100 MB** groß werden.
Da sollte genügend Arbeitsspeicher (über 1GB), eine große Festplatte und ein schneller Rechner vorhanden sein!

Die Bildgröße kann auch in **Pixeln** angeben werden.

Praktisch, dass hier die genaue **Dateigröße** gemeldet wird.

Der **verfügbare Speicher** ist der freie Arbeitsspeicher plus des Auslagerungsplatzes auf der Festplatte, hier mit 2,2 GB theoretisch groß genug. In der Praxis werden die Rechner jedoch zu langsam, sobald auf die Festplatte ausgelagert werden muss.

- ◆ Der **Arbeitsspeicher** (RAM) ist bei Bildern sehr wichtig,
    - ✎ weil die Festplatte ca. 100 mal langsamer ist als der RAM.

    RAM

    - ✎ Ist der Arbeitsspeicher zu klein, werden Daten auf die Festplatte ausgelagert. Ergebnis: die Festplatte rappelt und Sie trinken Kaffee. Dann müssen Sie entweder kleinere Bilder bearbeiten oder den Arbeitsspeicher aufrüsten.
    - ✎ Beobachten Sie folglich bei jeder neuen Datei, wie viel Arbeitsspeicher benötigt wird.

    dpi = dots per inch = Punkte pro Zoll (ein Zoll = 2,54 cm)!

    dpi

Wählen Sie vorerst folgende Einstellungen:

- ➢ Öffnen Sie das Bild mit **800 x 600** Punkten, **150 dpi** Auflösung und **RGB/24 Bit** Farbtiefe (siehe nächste Seite).
    - ✎ **Auflösung 150 dpi** heißt, dass das Bild 150 Punkte pro Zoll enthält und demnach auch auf einem 300- oder 600-dpi-Drucker nicht mit besserer Qualität ausgedruckt werden könnte.

4.2 Zum Farbmodus

Je mehr Farben pro Pixel dargestellt werden müssen, **umso größer** wird wiederum die Datei! Wenn Sie also nur ein Schwarzweiß-Bild malen wollen, können Sie Speicherplatz sparen, indem Sie statt 24-Bit-Farbdarstellung auf Schwarzweiß, genauer Graustufen, umschalten.

Bit

♦ 24-bit Farbtiefe reicht vollauf. **24-Bit-Farbtiefe** heißt, dass pro Punkt 24 Bit Speicher für die Angabe der Farbe pro Pixel reserviert werden, je 8 bit = 1 byte pro Farbe (Monitor RGB).

↳ **RGB** steht für Rot, Grün und Blau. Aus diesen drei Farben mischt jeder Bildschirm und Fernseher das Bild.

Bei **Schwarzweiß-Bildern** *gibt es folgende Möglichkeiten:*

1 Bit	Zwei Farben, meist schwarz und weiß (Strichzeichnung).
8 Bit	Statt 256 Farben 256 Graustufen (normales Schwarzweiß-Bild).

In der Tabelle ist angegeben, wieviel **Farben** *jeweils möglich sind:*

4 Bit	16 Farben.
8 Bit	256 Farben (zu wenig für Fotos!).
16 Bit	65.536 Farben – die übliche Einstellung für die Bildschirmanzeige (True Colour).
24 Bit	16,77 Millionen darstellbare Farben.
36 Bit	68 Milliarden Farben (High Colour = Echtfarben).

Folgende Formel liegt zugrunde: **2 hoch jeweilige Bit-Tiefe**.

Gerade beim **Scannen** ist es nicht sinnvoll, eine zu niedrige Farbtiefe (etwa 256 Farben) einzustellen, weil alle fehlenden Farben durch Mischung dieser 256 Farben erzeugt werden. Gepunktete Farben sind das Ergebnis.

Tip:

Lesen Sie im Handbuch Ihrer Grafikkarte nach, wie viel Farben diese darstellen kann. Auch bei einem Scanner oder Farbdrucker sind die Texte manchmal lesenswert.

Damit wir im nächsten Kapitel speichern können, müssen wir zunächst etwas malen.

➢ Wählen Sie das links abgebildete **Rechteckwerkzeug** und zeichnen Sie ein Rechteck.

4.3 Der PHOTO-PAINT-Aufbau

Jetzt haben Sie ein Bild und wir können uns mit dem Aufbau von Corel PHOTO-PAINT beschäftigen.

Dessen Bildschirm gliedert sich im Wesentlichen in drei Bereiche:

Die **Befehle**, einsortiert in Gruppen, z.B. unter **Datei** alle Befehle, welche die Datei betreffen:
🖑 speichern, öffnen usw.

Die am häufigsten benötigten Befehle sind noch einmal als **Symbole** dargestellt:
🖑 Datei neu, öffnen, speichern, drucken, ausschneiden, kopieren, einfügen …

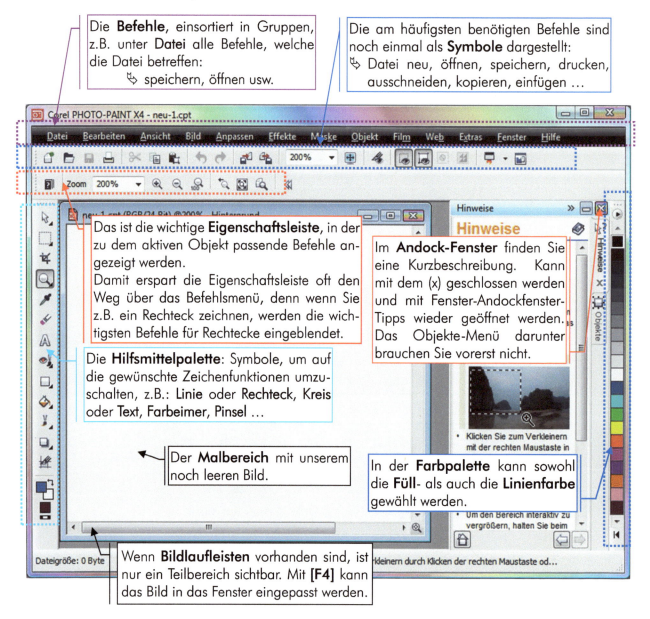

Das ist die wichtige **Eigenschaftsleiste**, in der zu dem aktiven Objekt passende Befehle angezeigt werden.
Damit erspart die Eigenschaftsleiste oft den Weg über das Befehlsmenü, denn wenn Sie z.B. ein Rechteck zeichnen, werden die wichtigsten Befehle für Rechtecke eingeblendet.

Im **Andock-Fenster** finden Sie eine Kurzbeschreibung. Kann mit dem (x) geschlossen werden und mit Fenster-Andockfenster-Tipps wieder geöffnet werden. Das Objekte-Menü darunter brauchen Sie vorerst nicht.

Die **Hilfsmittelpalette**: Symbole, um auf die gewünschte Zeichenfunktionen umzuschalten, z.B.: Linie oder Rechteck, Kreis oder Text, Farbeimer, Pinsel …

Der **Malbereich** mit unserem noch leeren Bild.

In der **Farbpalette** kann sowohl die **Füll-** als auch die **Linienfarbe** gewählt werden.

Wenn **Bildlaufleisten** vorhanden sind, ist nur ein Teilbereich sichtbar. Mit **[F4]** kann das Bild in das Fenster eingepasst werden.

➢ Schließen Sie die rechts vorhandenen Fenster durch Klicken auf das X. Dann das Bild maximal vergrößern.

➢ Probieren Sie, mit der linken und rechten Maustaste andere **Farben** rechts aus der Farbpalette aufzunehmen.

➢ Zeichnen Sie noch ein paar **Rechtecke** mit jeweils anderen Farben.

Jetzt wird gespeichert, anschließend werden die Zeichenwerkzeuge der Reihe nach vorgestellt und der Umgang mit den Farben geübt.

[F4] = einpassen

4.4 Speichern

Speichern geht nur, nachdem etwas gezeichnet oder geändert wurde.

> ➤ **Speichern** Sie die Datei, denn ein Rechnerabsturz ist nie ausgeschlossen!

Wohin speichern? Bitte nicht irgendwo auf die Festplatte!

Neuer Ordner

Wenn Sie noch keinen **Ordner** für die Übungszeichnungen haben, so erstellen wir gleich einen. Das geht direkt in dem **Datei-Speichern-Fenster** sowie auch in dem **Datei-Öffnen Fenster**:

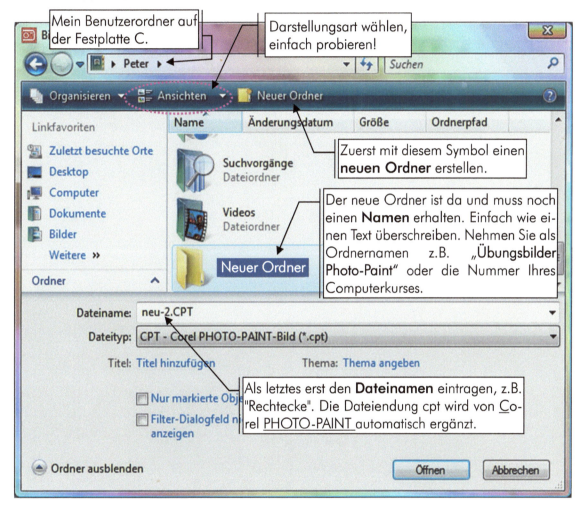

Mein Benutzerordner auf der Festplatte C.

Darstellungsart wählen, einfach probieren!

Zuerst mit diesem Symbol einen **neuen Ordner** erstellen.

Der neue Ordner ist da und muss noch einen **Namen** erhalten. Einfach wie einen Text überschreiben. Nehmen Sie als Ordnernamen z.B. „Übungsbilder Photo-Paint" oder die Nummer Ihres Computerkurses.

Als letztes erst den **Dateinamen** eintragen, z.B. "Rechtecke". Die Dateiendung cpt wird von Corel PHOTO-PAINT automatisch ergänzt.

Vorgehen:

> ➤ Symbol **Speichern**, dann Symbol **neuer Ordner** drücken.

> ➤ **Ordner-Namen** vergeben, z.B. die **Kursnummer** oder **Übungsbilder Photo-Paint**.

> ➤ Nach Return wird dieser Ordner auch gleich geöffnet, damit Sie in diesen Ordner speichern!

> ➤ Jetzt erst **Dateinamen** vergeben, z.B. **Rechtecke** und **speichern**.

4.5 Datei schließen

Jetzt haben wir ein neues Bild. Damit die Beschreibung von **Datei-neu** und -speichern komplett ist, kurz noch zum Schließen einer Datei.

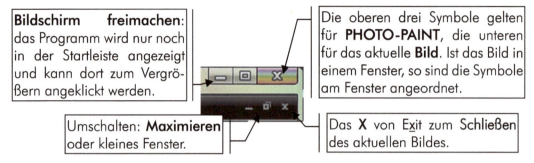

Bildschirm freimachen: das Programm wird nur noch in der Startleiste angezeigt und kann dort zum Vergrößern angeklickt werden.

Die oberen drei Symbole gelten für **PHOTO-PAINT**, die unteren für das aktuelle **Bild**. Ist das Bild in einem Fenster, so sind die Symbole am Fenster angeordnet.

Umschalten: **Maximieren** oder kleines Fenster.

Das **X** von E**x**it zum Schließen des aktuellen Bildes.

➢ **Probieren** Sie alle sechs Symbole der Reihe nach aus und beobachten Sie die Wirkung.

➢ **Schließen** Sie die Zeichnung und PHOTO-PAINT.

➢ **Starten** Sie PHOTO-PAINT neu. Die zuletzt geöffneten Bilder werden bei **Datei** angezeigt. Klicken Sie auf **Datei** und **öffnen** Sie das letzte Bild. Zum Schluss alles schließen.

4.6 Abschlussübung dieses Kapitels

Zur Routine eine kleine Übung, die Ihnen keine Probleme bereiten dürfte und in fünf Minuten erledigt sein sollte.

➢ Starten Sie **drei neue Bilder**, Bildgröße je 640 x 480 Punkte.

➢ Zeichnen Sie in jedes Bild einige Rechtecke oder andere Elemente (probieren). Jeweils die Farben anders einstellen.

  ➢ Erstellen Sie einen **neuen Ordner** für diese Bilder namens Test.
  ➢ **Speichern** Sie die Bilder unter den Namen Test 1, 2 und 3.
  ➢ **Speichern** Sie Test 1 **unter** Test 1 – Kopie.

➢ Schalten Sie Test 2 auf **Vollbildgröße**.

  ➢ Wechseln Sie zu Test 3 (**Fenster-Test 3**).
  ➢ Lassen Sie alle Bilder anzeigen (**Fenster-Nebeneinander**).

➢ **Schließen** Sie Test 2 und 3.

➢ **Positionieren** Sie Test 1 und Test 1 – Kopie so, dass das eine Bild die linke Hälfte, das andere die rechte Seite des Bildschirms einnimmt.

➢ **Schließen** Sie alle Bilder.

➢ Wählen Sie **Datei-Öffnen** und **löschen** Sie dort den Ordner "Test". Das Datei-Öffnen-Fenster danach mit Abbrechen schließen.

Wenn Ihnen diese Funktionen nicht vollkommen klar sind, wird Ihnen der Computer nach einem **Windows-Kurs** viel mehr Freude bereiten!

5. Farben, Rechteck, Ellipse

PHOTO-PAINT bietet zahlreiche Funktionen zum Malen, die in diesem Kapitel vorgestellt werden.

Deren Bedienung ist an sich einfach und die Einstellungen erfolgen immer nach dem gleichen Schema, doch es gibt inzwischen äußerst viele Möglichkeiten und damit am Anfang eine verwirrende Vielfalt. **Probieren Sie alles aus!**

Diese grundlegenden Zeichenfunktionen brauchen Sie immer, weil viele Bilder nachgebessert oder verändert werden müssen:
Farben wählen, Linien, Rechtecke, Ellipsen, Text und Radieren.

5.1 Die Zeichenfunktionen im Überblick

➢ Beginnen Sie eine neue Zeichnung.

Bevor wir loszeichnen – Schritt für Schritt – hier noch eine Übersicht über die **Zeichenwerkzeuge** von PHOTO-PAINT. Diese sind in der **Hilfsmittelpalette** am linken Rand abgebildet:

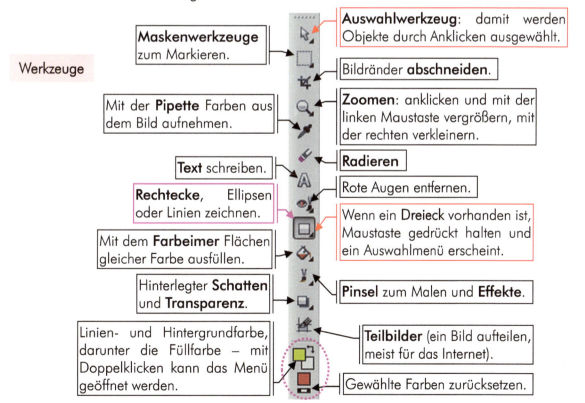

Werkzeuge

Maskenwerkzeuge zum Markieren.

Mit der **Pipette** Farben aus dem Bild aufnehmen.

Text schreiben.

Rechtecke, Ellipsen oder Linien zeichnen.

Mit dem **Farbeimer** Flächen gleicher Farbe ausfüllen.

Hinterlegter **Schatten** und **Transparenz**.

Linien- und Hintergrundfarbe, darunter die Füllfarbe – mit Doppelklicken kann das Menü geöffnet werden.

Auswahlwerkzeug: damit werden Objekte durch Anklicken ausgewählt.

Bildränder **abschneiden**.

Zoomen: anklicken und mit der linken Maustaste vergrößern, mit der rechten verkleinern.

Radieren.

Rote Augen entfernen.

Wenn ein **Dreieck** vorhanden ist, Maustaste gedrückt halten und ein Auswahlmenü erscheint.

Pinsel zum Malen und **Effekte**.

Teilbilder (ein Bild aufteilen, meist für das Internet).

Gewählte Farben zurücksetzen.

Beachten Sie folgende Funktionen:

- ♦ Maus über Symbol und kurze Zeit nicht bewegen, dann wird der **Name der Funktion** gemeldet. Sehr praktisch, wenn Sie ein Symbol suchen!

- ♦ Bei Funktionen mit dem kleinen **Dreieck** öffnen sich weitere **Auswahl-fenster,** wenn Sie die Maus auf dem Symbol gedrückt halten. Damit können Sie bei dem **Rechteck-Symbol zu Linien** umschalten.

  - ↳ Jedes aktuell gewählte Werkzeug können Sie in der **Eigenschafts-leiste** einstellen, z.B. die Liniendicke oder Transparenz.

Denken Sie daran, vorher die entsprechende Funktion auszuwählen!

- ♦ Gerade Anfänger vergessen oft, auf das **Auswahlwerkzeug** umzu-schalten und zeichnen deshalb versehentlich viele neue Miniobjekte.

  - ↳ Wenn Sie unbeabsichtigt z.B. ein weiteres Rechteck zeichnen, dann sofort **Rückgängig** (Bearbeiten-Rückgängig oder [Strg]-z)!

5.2 Rückgängig und die Annullierungsliste

Aller Anfang ist schwierig. Bevor Sie Ihre ersten Versuche starten, hier eine An-leitung, wie Sie nicht Gelungenes entfernen können:

- ♦ Sofort **Bearbeiten-Rückgängig,** Symbol oder die Tastaturabkürzung **[Strg]-z** (z für zurück) drücken.

  - ↳ Bis zu zehn Aktionen können Sie im PHOTO-PAINT X4 ungeschehen machen, allerdings nur in der Reihenfolge der Eingabe.

Zurück

Problem bei Rückgängig:

- ♦ Sie möchten eine Aktion rückgängig machen, haben aber seitdem drei sinnvolle Befehle durchgeführt.

  - ↳ Diese drei Aktionen müssten Sie ebenfalls mit rückgängig machen, da es nur der Reihe nach zurück geht!

Darum empfiehlt es sich zur Sicherheit:

- ♦ Bei aufwendigen Bildern regelmäßig **unter anderem Namen** speichern: Bild 1, Bild 2 ...

  - ↳ Dann ist es im Fall des Falles möglich, aus einem früheren Stadium Teile wieder in den aktuellen Stand zu kopieren.

 Um mehrere Befehle rückgängig zu machen, können Sie im PHOTO-PAINT ein Andock-Fenster starten: **Fenster-Andockfenster-Rückgängig.**

> Vergessen, wie etwas geht? Kein Problem mehr mit Rückgängig. Ein-fach etwas probieren, wenn nicht richtig, rückgängig und die nächste Alternative probieren.

Jetzt geht es mit dem Zeichnen los. Damit Sie nicht öde schwarz auf weiß malen müssen, werden wir uns zuerst mit den **Farben** beschäftigen.

5.3 Farben wählen

Farben können über die **Farbpalette** am rechten Bildschirmrand sehr einfach ausgewählt werden:

- ◆ Lediglich rechts auf eine **Farbe** klicken, wobei gilt:
  - ✎ mit der linken Maustaste die **Linienfarbe (=Malfarbe)**,
  - ✎ mit der rechten Maustaste die **Füllfarbe** aufnehmen.

Genau andersherum wie im CorelDRAW! In der unten abgebildeten **Farbpalette** wird die Malfarbe (=Linienfarbe) und die Füllfarbe angezeigt.

Zuerst die Farben wählen, **dann** Objekt zeichnen.

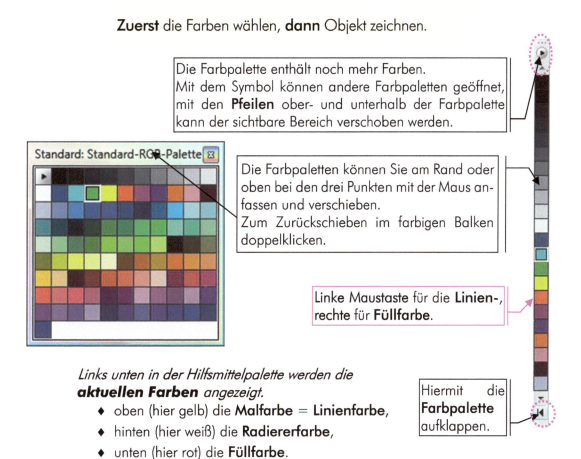

Die Farbpalette enthält noch mehr Farben.
Mit dem Symbol können andere Farbpaletten geöffnet, mit den **Pfeilen** ober- und unterhalb der Farbpalette kann der sichtbare Bereich verschoben werden.

Standard: Standard-RGB-Palette

Die Farbpaletten können Sie am Rand oder oben bei den drei Punkten mit der Maus anfassen und verschieben.
Zum Zurückschieben im farbigen Balken doppelklicken.

Linke Maustaste für die **Linien-**, rechte für **Füllfarbe**.

Hiermit die **Farbpalette** aufklappen.

Links unten in der Hilfsmittelpalette werden die ***aktuellen Farben*** *angezeigt.*

- ◆ oben (hier gelb) die **Malfarbe = Linienfarbe**,
- ◆ hinten (hier weiß) die **Radiererfarbe**,
- ◆ unten (hier rot) die **Füllfarbe**.

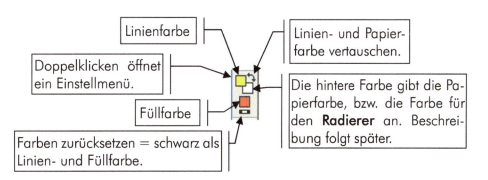

Linienfarbe

Doppelklicken öffnet ein Einstellmenü.

Füllfarbe

Farben zurücksetzen = schwarz als Linien- und Füllfarbe.

Linien- und Papierfarbe vertauschen.

Die hintere Farbe gibt die Papierfarbe, bzw. die Farbe für den **Radierer** an. Beschreibung folgt später.

- ◆ Möglicherweise ist die Farbpalette auf Ihrem Rechner ausgeschaltet.
  - ✎ Diese kann bei **Fenster-Farbpaletten** aktiviert werden.
  - ✎ Bei der Palette **Standardfarben** finden sich zu jedem Farbton einige Nuancen, zu den anderen Farbpaletten später mehr.

5.4 Die Eigenschaftsleiste

In dieser Leiste werden die wichtigsten Einstellmöglichkeiten angezeigt, passend zu dem ausgewählten Befehl oder Objekt.

Die Eigenschaftsleiste bei gewähltem Rechteckwerkzeug:

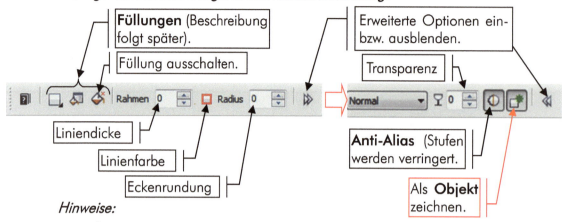

Hinweise:

♦ Änderungen gelten nicht rückwirkend, sondern nur für die nächsten Objekte, die Sie zeichnen!

   ✎ Alte Rechtecke ggf. mit dem Auswahlpfeil anklicken und mit **[Entf]** **löschen**.   Löschen

♦ Benutzen Sie die **Pfeile** für kleine Schritte oder tragen Sie Werte ein:

♦ Je nach **Transparenz** schimmern darunter liegende Objekte mehr oder weniger durch:

5.4.1 Die Eigenschaftsleiste ein- oder ausschalten

Wo finden Sie die Eigenschaftsleiste?

♦ Die **Eigenschaftsleiste** finden Sie oben im PHOTO-PAINT.

✎ Sie können die Eigenschaftsleiste wie jede Symbolleiste zwischen den Symbolen an eine beliebige Stelle ziehen (**verschieben**),

✎ an den Rändern in der **Größe** anpassen oder bei

✎ **Fenster-Symbolleisten-Eigenschaftsleiste** einschalten, falls diese geschlossen wurde.

Sollte die Eigenschaftsleiste trotzdem nicht erscheinen, bei Fenster auf das Häkchen achten. Ist dies sichtbar, so ist die Eigenschaftsleiste bereits eingeschaltet und wahrscheinlich nur verschoben.

Dann am Rand nach einem sichtbaren Rest der Eigenschaftsleiste suchen, der wie abg. aussehen könnte, und diese wieder in die Mitte verschieben.

An dieser Linie kann die Eigenschaftsleiste vom Rand in die Mitte gezogen werden.

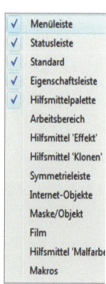

Wechseln Sie den Befehl, z.B. von Rechteck auf Linie, so werden in der Eigenschaftsleiste die nun passenden Einstellmöglichkeiten angezeigt.

5.5 Rechtecke, Ellipsen

Jetzt wissen Sie, wie Farben gewählt werden. Und damit Sie den Unterschied zwischen **Linien- und Füllfarbe** in der Praxis sehen, fangen wir mit Rechtecken und Ellipsen an.

Linien-dicke

➢ Stellen Sie in der Eigenschaftsleiste eine größere **Liniendicke** (bei „Rahmen") ein, damit wir die Linien sehen.

Rahmen 15

➢ Wählen Sie das **Rechteck-Werkzeug** und zeichnen Sie:

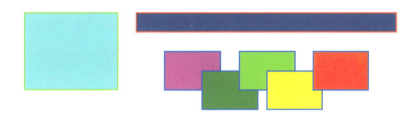

➢ Jetzt linke Maustaste auf dem Rechteck-Symbol gedrückt halten, bis die **Ellipsen-Funktion** erscheint.

➢ Zeichnen Sie nun einige **Ellipsen.**

| Polygon (Vieleck) |

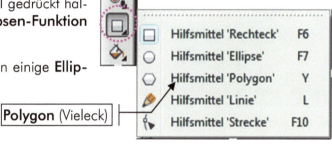

Hilfsmittel 'Rechteck'   F6
Hilfsmittel 'Ellipse'   F7
Hilfsmittel 'Polygon'   Y
Hilfsmittel 'Linie'   L
Hilfsmittel 'Strecke'   F10

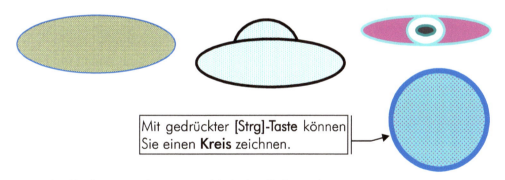

Mit gedrückter [Strg]-Taste können Sie einen **Kreis** zeichnen.

➢ Und nun noch ein paar Vielecke (**Polygon**):

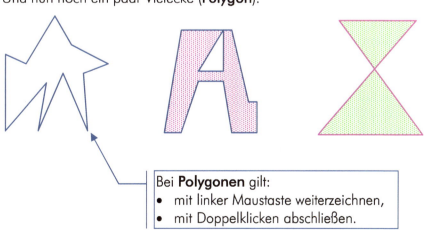

Bei **Polygonen** gilt:
• mit linker Maustaste weiterzeichnen,
• mit Doppelklicken abschließen.

5.6 Objekte

Wenn die Option „**als Objekt**" in der Eigenschaftsleiste aktiv ist, kann das Gezeichnete nachträglich mit dem Auswahlpfeil verschoben oder in der Größe geändert werden. Dann wird von einem Objekt gesprochen.

♦ **Nachteil:** dieser Bildbereich wird doppelt gespeichert (Pixel des Objekts und Hintergrund), die Datei wird riesengroß.

☞ Für objektorientiertes Zeichnen ist deshalb **CorelDRAW** besser.

5.6.1 Objekte umformen

Objekte können Sie nachträglich mit dem **Auswahlpfeil** anfassen und verschieben oder an den Anfasserpunkten die Größe ändern:

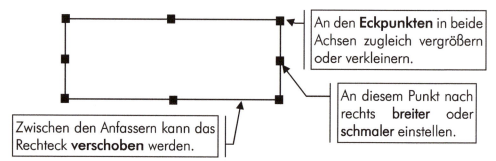

> An den **Eckpunkten** in beide Achsen zugleich vergrößern oder verkleinern.

> An diesem Punkt nach rechts **breiter** oder **schmaler** einstellen.

> Zwischen den Anfassern kann das Rechteck **verschoben** werden.

Wenn Sie noch einmal drücken, wechseln die Anfasserpunkte:

	Drehpfeile, in der Mitte schief stellen:	An den Ecken **auseinanderziehen**:	Parallel auseinanderziehen (auch zu einem X):
Original:			
Wirkung:			
Weiteres:	Wenn Sie beim Drehen die [Strg]-Taste gedrückt halten, geht es in 15°-Schritten, so dass z. B. auch exakt um 90° gedreht werden kann.	Nach unten ziehen:	Auch noch am anderen Eck:

5.6.2 Änderungen zuweisen

Nichts geht mehr?

- ◆ Wenn Sie die Größe oder andere Eigenschaften geändert haben,

  - ✍ müssen Sie diese durch **Doppelklicken** zuweisen. Erst danach sind wieder alle Befehle wählbar.

  - ✍ Wenn Sie auf ein anderes Objekt doppelklicken, werden die Änderungen nicht durchgeführt, sondern abgebrochen.

  - ✍ Auch mit der **rechten Maustaste** auf dem Objekt können die Einstellungen zugewiesen oder zurückgesetzt werden.

Auch in der Eigenschaftsleiste können Sie die Einstellvariante wählen:

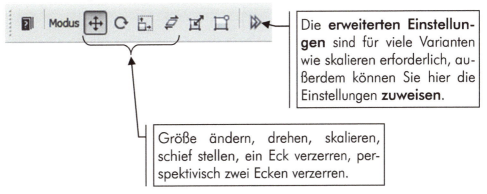

Die **erweiterten Einstellungen** sind für viele Varianten wie skalieren erforderlich, außerdem können Sie hier die Einstellungen **zuweisen**.

Größe ändern, drehen, skalieren, schief stellen, ein Eck verzerren, perspektivisch zwei Ecken verzerren.

Mit den erweiterten Einstellungen, hier für Skalieren:

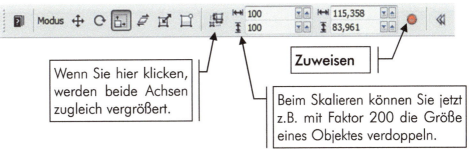

Wenn Sie hier klicken, werden beide Achsen zugleich vergrößert.

Zuweisen

Beim Skalieren können Sie jetzt z.B. mit Faktor 200 die Größe eines Objektes verdoppeln.

Zur Übung:

- ➢ Probieren Sie alle **Einstellungen** aus, indem Sie damit neue Rechtecke zeichnen.

- ➢ Wechseln Sie zu dem **Linienwerkzeug** (Maus gedrückt halten), und die Einstellungen in dem Fenster wechseln zu den Optionen für Linien.

- ➢ Bei den **Ellipsen und Vielecken** finden Sie ähnliche Einstellmöglichkeiten.

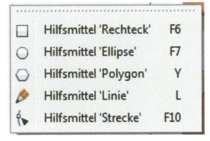

5.6.3 Objekte kombinieren

Mit der Voreinstellung im PHOTO-PAINT zeichnen Sie von der Leinwand losgelöste, frei verschiebbare **Objekte**.

Das ist praktisch zum Korrigieren, aber manchmal störend, zum Beispiel wenn über die ganze Zeichnung radiert oder wenn der Hintergrund gefüllt werden soll, denn der **Radierer** wirkt nur auf das markierte Objekt, sofern ein Objekt in der Zeichnung vorhanden ist.

Davon später mehr. Im Moment sollten Sie wissen, wie Sie Objekte mit dem Hintergrund zusammenführen können. Das geht auf diesen Wegen:

- Mit dem Befehl **Objekt-Kombinieren** oder auf dem Objekt die **rechte Maustaste** drücken, dann **Kombinieren**. Drei Varianten sind möglich:

  - Objekte können **miteinander** kombiniert werden, wenn zuvor mehrere ausgewählt wurden.

  - **Kombinieren-„Objekte mit Hintergrund …"**: nur das markierte Objekt wird mit dem Hintergrund zusammengeführt. Das geht auch mit der Tastaturabkürzung: **[Strg]-nach unten.**

  - **Kombinieren-„Alle Objekte mit Hintergrund kombinieren"**: alle Objekte werden mit dem Hintergrund zusammengeführt. Das geht auch mit der Tastaturabkürzung: **[Strg]-[Umschalt]-nach unten.**

Nach dem Kombinieren mit dem Hintergrund können die Objekte nicht mehr verändert werden! Dafür wird das Bild kleiner und lässt sich leichter mit neuen Effekten bearbeiten, z.B. dem Radierer oder Fülleimer.

- Drücken Sie vor und nach dem Kombinieren die rechte Maustaste auf dem Bild (nicht auf einem Objekt), dann Dokumenteneigenschaften, damit die die Dateigröße angezeigt wird.

5.6.4 Zusammenfassung Objekte

Objekte (frei verschiebbare Elemente) erhalten Sie beim Zeichnen, wenn das Symbol „**Objekte**" in der Eigenschaftsleiste eingeschaltet ist.

- Sie können Objekte mit dem **Auswahlpfeil** anklicken, dann mit **[Entf]** löschen, mit dem Auswahlpfeil an den **Anfasserpunkten** die Größe ändern oder das Objekt drehen, verschieben usw.

- Sie können Objekte – wenn fertig – mit dem Hintergrund zusammenführen (**Kombinieren**).

Um diese Funktion **abzuschalten**, müssen Sie leider zuerst mit dem Auswahlpfeil im einem leeren Bildteil klicken, damit kein Objekt mehr markiert ist, dann das gewünschte Zeichenwerkzeug wählen - z.B. für Rechtecke - und „Objekte" in der Eigenschaftsleiste abschalten.

Für umfangreiches Arbeiten mit **Objekten** ist CorelDRAW besser geeignet. Dort die im PHOTO-PAINT vorbereiteten Bildteile einfügen.

6. Löschen, Pipette, Farbeimer

Sie kennen die Möglichkeit, die letzten Aktionen **rückgängig** zu machen. Natürlich kann etwas **wegradiert** werden – wie mit einem richtigen Radierer. Auch das Übermalen ist eine gute Möglichkeit zum Radieren.

6.1 Der normale Radierer

Wenn **Objekte** vorhanden sind, kann nur das aktive Objekt radiert oder mit Doppelklicken auf den Radierer gelöscht werden.

- ♦ Ist der Hintergrund aktiv und kein Objekt vorhanden, kann in dem ganzen Bild radiert werden und Doppelklicken auf den Radierer **löscht** das gesamte Bild!

Den **Radierer** können Sie ebenfalls wie einen Pinsel in der Eigenschaftsleiste **einstellen**, z.B. dicker oder mit weichem Rand oder spezielle Formen.

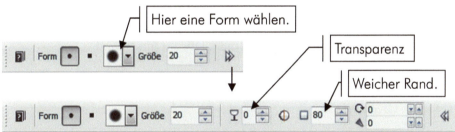

Mit diesem Radierer können Sie radikal alles radieren. Probieren Sie es aus.

- ➢ Alle Objekte mit dem Hintergrund kombinieren und dann radieren.

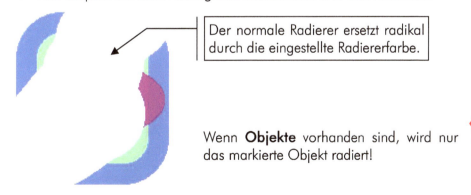

Der normale Radierer ersetzt radikal durch die eingestellte Radiererfarbe.

Wenn **Objekte** vorhanden sind, wird nur das markierte Objekt radiert!

Kleiner Hinweis: wurde zuvor eine **Transparenz** eingestellt, gilt dies auch für den Radierer. Ggf. Transparenz abschalten.

6.2 Andere Wege des Radierens

Mit den Farben eröffnet sich uns ein praktischer Weg, **größere Bereiche** zu löschen – diese mit der **Papierfarbe** übermalen.

- ◆ Wählen Sie die **Hintergrundfarbe** (meistens weiß) als Füll- und Linienfarbe aus. Das geht mit der Pipette oder aus der Farbpalette.
  - ✎ Objekte kombinieren und ein **Rechteck** über den zu löschenden Bildteil zeichnen. Praktisch, um große Flächen zu löschen.

- ◆ Auch mit dem **Pinsel** (Pinselgröße passend einstellen) können Stellen überstrichen werden oder Sie ziehen eine **Linie** in der Farbe des Hintergrundes.
  - ✎ Damit können unscharfe Ränder begradigt werden.

6.2.1 Pinselstrich widerrufen

Früher hieß diese Funktion „Lokale Rücknahme" und es konnte nur das zuletzt gezeichnete Objekt gelöscht werden. Jetzt kann damit nur mit dem Pinsel gezeichnetes gelöscht, bzw. wegradiert werden.

- ➢ Zeichnen Sie mit dem **Pinsel** einige Striche oder Objekte. Sie werden bemerken, dass bei dem Pinsel ähnliche Einstellmöglichkeiten wie bei dem Radierer vorhanden sind.

- ➢ Wählen Sie „**Pinselstrich widerrufen**" (früher: lokale Rücknahme) und **Radieren** Sie über beide Objekte. Probieren Sie auch, an anderen Stellen zu radieren.

Es wird nur der zuletzt gezeichnete Pinselstrich radiert.

„Pinselstrich widerrufen" *finden Sie jetzt bei dem Pinsel einsortiert:*

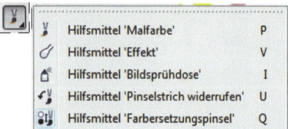

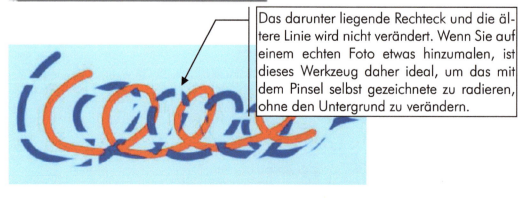

Das darunter liegende Rechteck und die ältere Linie wird nicht verändert. Wenn Sie auf einem echten Foto etwas hinzumalen, ist dieses Werkzeug daher ideal, um das mit dem Pinsel selbst gezeichnete zu radieren, ohne den Untergrund zu verändern.

6.2.2 Die Radiererfarbe ändern

Normalerweise radieren Sie weg und es bleibt die Farbe des Hintergrundes übrig, üblicherweise weiß. Sie können jedoch eine andere Farbe für den Radierer einstellen.

Strg

➢ Wählen Sie mit gedrückter **[Strg]-Taste** und der linken Maustaste eine Farbe aus der Farbpalette.

➢ Radieren Sie, die gewählte Farbe muss nun beim Radieren erscheinen (falls nicht, Objekte kombinieren).

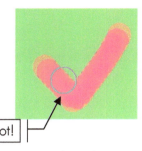

Radiererfarbe rot!

Durch die Radiererfarbe ist praktisch kein Unterschied mehr zwischen dem Radierer und dem Pinsel.

Diese Radiererfarbe wird links unten angezeigt (vgl. S. 31):

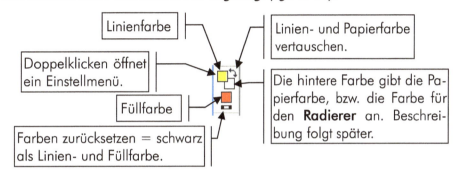

Linienfarbe

Linien- und Papierfarbe vertauschen.

Doppelklicken öffnet ein Einstellmenü.

Die hintere Farbe gibt die Papierfarbe, bzw. die Farbe für den **Radierer** an. Beschreibung folgt später.

Füllfarbe

Farben zurücksetzen = schwarz als Linien- und Füllfarbe.

Die Radiererfarbe heißt im PHOTO-PAINT eigentlich **Hintergrundfarbe**.

6.2.3 Der Farbersetzungspinsel

Mit der eben erwähnten Möglichkeit, die **Farbe des Radierers** zu ändern, können Sie mit dem Farbersetzungspinsel **Bildfarben austauschen**:

Farben ersetzen

➢ Wählen Sie eine im Bild vorkommende Farbe als **Linienfarbe**, dann

➢ mit gedrückter [Strg]-Taste die neue **Farbe des Radierers** aus der Farbpalette oder auch mit der Pipette aus der Zeichnung aufnehmen.

➢ Jetzt können Sie durch Radieren mit dem Farbersetzungspinsel (s. v. S.) die beiden **Farben austauschen** (weitere Anwendung s. S. 45).

Hier wurde das grün des Rechteckes durch das gelb des Hintergrundes **ersetzt**, so dass Streifen radiert werden können, ohne dass der blaue Rahmen des Rechteckes verletzt wird.

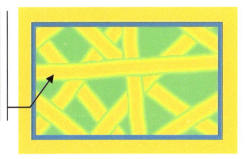

6.3 Die Pipette

Nun können Sie schon Rechtecke und Ellipsen zeichnen, Radieren und die Farben ändern. Für die **Farbauswahl** gibt es ein weiteres, sehr nützliches Werkzeug.

> Mit der **Pipette** können Farben aus dem Bild aufgenommen werden.

Farben aufnehmen

- ♦ Auch bei der Pipette gilt wieder:
  - ✎ linke Maustaste: **Linienfarbe** aufnehmen,
  - ✎ rechte Maustaste: **Füllfarbe** aufsaugen,
  - ✎ [Strg]-Taste und linke Maustaste: **Radiererfarbe** aufnehmen.

Probieren Sie es aus:

- ➢ Wählen Sie die **Pipette** und nehmen Sie nacheinander aus dem Bild eine Füll- und Linienfarbe auf und zeichnen Sie mit diesen Farben ein neues Rechteck.

 Die Pipette ist für Fotos außerordentlich nützlich, da diese weit mehr Farben enthalten, als in der Farbpalette abgebildet sind.

6.4 Der Farbeimer

Das Prinzip:

- ♦ mit der **Pipette** können Farben aus dem Bild aufgenommen,
- ♦ mit dem **Farbeimer** in das Bild ausgegossen werden.

Die Farbähnlichkeit:

- ♦ Der Farbeimer füllt so weit, bis eine andere Farbe beginnt:
  - ✎ in der **Eigenschaftsleiste** kann die hierfür zuständige **Farbähnlichkeit** vorgegeben werden.

100%-Farbähnlichkeit übermalt alle Farben,

was leider die Voreinstellung ist, weshalb Sie diesen Wert zuerst auf 10% herabsetzen müssen.

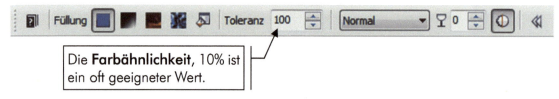

> Die **Farbähnlichkeit**, 10% ist ein oft geeigneter Wert.

- ♦ In der Praxis ist der **richtige Wert** durch **Ausprobieren** zu ermitteln:
  - ✎ Farbtoleranz einstellen, Füllen, anschauen, [Strg]-z und Farbtoleranz korrigieren, wieder ausfüllen usw.

Kleine Übung:

➤ Ändern Sie mit der rechten Maustaste die **Füllfarbe** und weisen Sie diese mit dem **Farbeimer** zu, auch für den Hintergrund.

Natürlich kann mit dem Farbeimer die Farbe einer Linie geändert werden. Ganz dünne Linien sind allerdings schwer zu treffen, wenn nicht stark vergrößert wird.

Farben ausgießen

➤ Zwei Rechtecke wurden gezeichnet, wobei bei dem größeren die Hintergrundfarbe als Füllfarbe mit der Pipette aufgenommen wurde, dann wurde das kleinere in der Mitte gezeichnet.

➤ Danach wurde der Zwischenraum mit dem Farbeimer blau gefüllt.

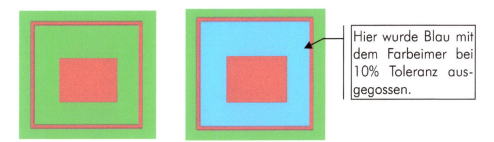

Hier wurde Blau mit dem Farbeimer bei 10% Toleranz ausgegossen.

6.5 Anti-Alias

Über die treppenähnlichen Ränder bei starker Vergrößerung:

Wenn Sie einen Bereich vergrößert betrachten, werden Sie sehen, dass auch einheitlich erscheinende Farben aus verschiedenfarbigen Pixeln gerastert sind und dass die Übergänge nicht scharf sind, sondern z.B. von grün zu hellgrün, hellrot und rot verlaufen. Das erschwert die Arbeit mit dem Farbeimer.

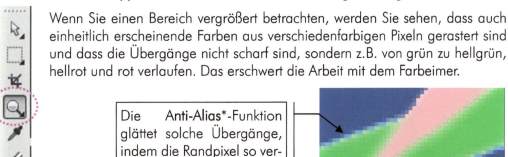

Die Anti-Alias*-Funktion glättet solche Übergänge, indem die Randpixel so verändert werden, dass ein weicherer Farbübergang ohne Stufen entsteht.

*Alias von aliasing = Treppen- oder Stufeneffekt.
Anti-Aliasing = Stufenglättung, Bildkantenglättung, Konturenausgleich

In der Eigenschaftsleiste ist die **Anti-Alias-Funktion** mit diesem Symbol zu aktivieren/deaktivieren, hier am Beispiel der Eigenschaftsleiste für den Pinsel:

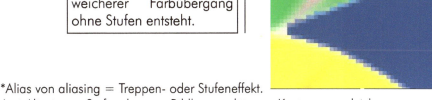

➤ Zeichnen Sie eine schräg verlaufende Linie mit Anti-Alias, dann ohne und danach beide bei starker Vergrößerung betrachten.

Im nächsten Kapitel folgt Text, bei dem Anti-Alias auch sehr wichtig ist.

7. Zoom, Text und Linie

Zoomen haben wir bei unseren kleinen Bildern noch nicht benötigt. Je größer die Bilder werden, je mehr Details enthalten sind, umso wichtiger wird es, Bildbereiche zu vergrößern.

7.1 Zoomen

- Aktivieren Sie die **Lupe**. In der **Eigenschaftsleiste** erscheinen die Befehle zum Vergrößern/Verkleinern, die Sie jedoch selten brauchen, da es folgendermaßen einfacher geht:
    - ✎ linke Maustaste: den Bereich um die Maus herum **vergrößern**,
    - ✎ rechte Maustaste: **verkleinern**.
    - ✎ Falls bei Ihrer Maus vorhanden, können Sie mit gedrückter **mittlerer Taste** den Bereich wie mit der Hand verschieben oder auch mit Drehen am **Mausrad** vergrößern, bzw. verkleinern.

- Maus auf dem Zoom-Symbol gedrückt halten, dann können Sie zur **Hand** umschalten.
    - ✎ Wenn die **Hand** gewählt ist, können Sie mit gedrückter, linker Maustaste den sichtbaren Bildausschnitt verschieben.
    - ✎ Wenn Sie „h" für Hand drücken, wird bei gewähltem Zoom-Werkzeug ebenfalls auf die Hand umgeschaltet, mit „z" von Zoom kann wieder vergrößert oder verkleinert werden.

Sind die **Bildlaufleisten** vorhanden, weil nur ein Teilbereich angezeigt wird, können Sie links unten auf dieses Kästchen drücken.

Ein **Navigator-Fenster** erscheint, in dem Sie ähnlich wie mit der Hand den angezeigten Bildbereich verschieben können.

Praktische Shortcuts:

- **[F4]** passt das Bild in das Fenster ein, dieses wird damit möglichst groß dargestellt. Ein sehr nützlicher Shortcut, unbedingt merken!

- Mit **[F9]** wird nur das Bild so groß wie möglich am Bildschirm angezeigt. Bearbeiten nicht möglich, mit der [Esc]-Taste geht es zurück.

7.2 Text schreiben

➢ Wählen Sie das **Textwerkzeug** und klicken Sie an der Position, an welcher Sie schreiben wollen.

Am besten ist es, den Text vorher einzustellen:

♦ Sie können die **Textfarbe** (=Malfarbe) direkt rechts aus der Farbpalette aufnehmen.

♦ Alle anderen Einstellungen können Sie in der **Eigenschaftsleiste** vornehmen.

Ausrichtung

Fett, kursiv, unterstrichen (bold, italic, underlined).

Oben Zeichen-, unten Zeilenabstand.

Hinweis: wenn Sie die Maus auf einem Symbol kurze Zeit nicht bewegen, erscheint ein verständlicher Beschreibungstext.

➢ In der Eigenschaftsleiste eine Schriftart und -größe wählen, dann "**Beispieltext**" schreiben.

♦ Wenn Sie an anderer Stelle klicken oder einen anderen Befehl wählen, wird der Text zu einem **Objekt**.

   ↳ Sie können den **Text wieder bearbeiten**, wenn Sie das Textwerkzeug wählen und den Text anklicken (ggf. mehrmals klicken, bis der Text zum Bearbeiten geöffnet wird).

Objekt

♦ Rechte Maustaste auf dem Text und **Kombinieren**-Objekte mit Hintergrund kombinieren fasst den Text mit dem Hintergrund zusammen.

   ↳ Damit ist die Textbearbeitung endgültig abgeschlossen, weitere Änderungen sind unmöglich.

➢ Vergrößern Sie einen Text, bis Sie die Pixel-Ränder erkennen können.

7.2.1 Text umformen

Vor dem Bearbeiten zuerst eine **Kopie** erstellen! Sonst müssen Sie bei missratenen Aktionen den Text neu schreiben.

➢ Aktivieren Sie das **Auswahlwerkzeug** und beobachten Sie, wie in der Eigenschaftsleiste andere Befehle erscheinen.

Bei dem Beispieltext erscheinen außen die **Anfasserpunkte***:*

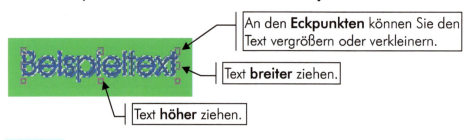

An den **Eckpunkten** können Sie den Text vergrößern oder verkleinern.

Text **breiter** ziehen.

Text **höher** ziehen.

Alles bitte ausprobieren. Wie bei jedem Objekt ist mehr möglich:

➤ Wenn Sie mit dem Auswahlwerkzeug noch einmal auf den Text klicken, erscheinen statt der Anfasserpunkte Pfeile zum **Drehen**:

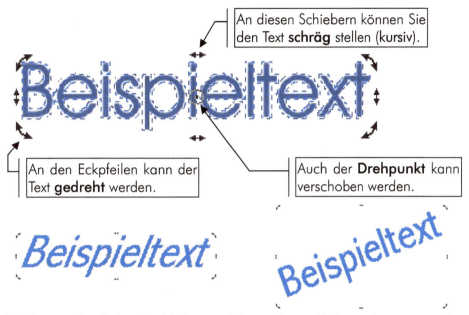

An diesen Schiebern können Sie den Text **schräg** stellen (kursiv).

An den Eckpfeilen kann der Text **gedreht** werden.

Auch der **Drehpunkt** kann verschoben werden.

Noch einmal auf den Text klicken und die nächsten Pfeile erscheinen, mit denen das Objekt **perspektivisch** auseinandergezogen werden kann:

An diesen Pfeilen Text auseinanderziehen.

Nachträglich können Sie die **Textfarbe** nur noch mit dem Farbeimer oder dem Farbersetzungspinsel ändern.

Mit dem **Farbersetzungspinsel** kann die aktuelle Textfarbe relativ schnell durch eine andere ersetzt werden (vgl. S. 39): mit der Pipette als Linienfarbe die aktuelle **Farbe (blau)** aufnehmen, dann die neue Farbe, die **Radiererfarbe** zusammen mit der [Strg]-Taste aus der Farbpalette wählen:

Hier wurden nur Streifen radiert und so dieses Muster im Text erzeugt.

Der Text muss hierfür jedoch leider vorher mit dem Hintergrund **kombiniert** werden.

Der **Farbeimer** ist gut, wenn Text bereits kombiniert ist, z.B. bei einem schon fertigen Foto, so dass die Buchstaben nicht mehr einzeln markiert werden können und trotzdem jeder Buchstabe eine andere Farbe erhalten soll. Dabei wird jeder Buchstabe einzeln ausgegossen (die vorigen Streifen ggf. mit Rückgängig entfernen oder einen neuen Beispieltext verwenden):

7.2.2 Übung Text

Generell ist es empfehlenswert, in Photo-Paint nur die Fotos zu bearbeiten, dann diese in CorelDRAW einzufügen und dort den Text zu ergänzen, da im CorelDRAW Text jederzeit wieder bearbeiten werden kann und dort noch mehr Texteffekte zur Verfügung stehen.

Notizen: ....

....

....

7.3 Eine gerade Linie

Linien so spät? Sie werden sehen, dass Linien nun kein Problem mehr für Sie sind, nachdem Sie das Prinzip, die Einstellmöglichkeiten und die Farboptionen kennengelernt haben.

Linien finden Sie auch im Rechteckmenü oder mit dem Shortcut L:

- ◆ Die **Liniendicke u. a.** können Sie dann wieder in der Eigenschaftsleiste einstellen, die Linienfarbe aus der Farbpalette aufnehmen.

Linien zeichnen:

- ◆ Linien sind im PHOTO-PAINT immer gerade Linien. **Freihandlinien** können Sie mit dem **Pinsel** malen.

- ◆ Eine einzige **gerade Linie**:
  - ✍ klicken und gedrückt halten: eine **gerade Linie** ziehen. Die Linie wird gezeichnet, sobald Sie die Maus loslassen.
  - ✍ Auch möglich durch einmal klicken (=**Anfangspunkt**), dann mit Doppelklicken (=**Endpunkt**) die Linie abschließen.

- ◆ **Weitere Linien** anhängen:
  - ✍ einmal kurz klicken: **Anfangspunkt**, Maus wegbewegen und
  - ✍ noch einmal klicken: **weiterer Punkt** (beliebig fortsetzbar),
  - ✍ doppelklicken: **Endpunkt**.

Damit lassen sich beliebige **Vielecke** zeichnen. Beachten Sie die Möglichkeit in der Eigenschaftsleiste, eine **abgerundete Verbindung** zwischen den Linien einzuschalten, wenn Sie die Eigenschaftsleiste erweitern:

7.4 Quadrate, Kreise, Linien im Winkel

Wenn Sie ein Rechteck zeichnen und zusätzlich die **[Strg]-Taste** gedrückt halten, so wird es automatisch ein Quadrat.

- ◆ Es gilt mit der **[Strg]-Taste**:
  - ✍ statt Rechteck **Quadrat**, statt Ellipse ein **Kreis** und
  - ✍ Linien werden nur noch **waagerecht, senkrecht** oder genau im **45°-Winkel** gezogen.

- ➢ Zeichnen Sie diese Linien, ein Quadrat und einen Kreis:

45°-Linie.

8. Der Pinsel

Der Pinsel ist super! Damit können Sie richtig malen, vielleicht sogar besser als auf Papier. Jedoch sind etliche Variationen möglich, weshalb das Menü auf den ersten Blick verwirrend erscheint. Wir versuchen, dies systematisch vorzustellen.

> Mit gedrückter Maustaste auf dem Pinselsymbol können Sie zwischen diesen Optionen wechseln, die nun der Reihe nach behandelt werden:

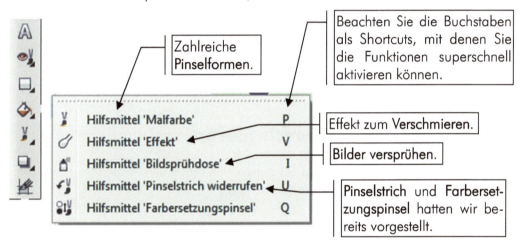

Zahlreiche **Pinselformen**.

Beachten Sie die Buchstaben als Shortcuts, mit denen Sie die Funktionen superschnell aktivieren können.

Hilfsmittel 'Malfarbe'	P
Hilfsmittel 'Effekt'	V
Hilfsmittel 'Bildsprühdose'	I
Hilfsmittel 'Pinselstrich widerrufen'	U
Hilfsmittel 'Farbersetzungspinsel'	Q

Effekt zum **Verschmieren**.

Bilder versprühen.

Pinselstrich und **Farbersetzungspinsel** hatten wir bereits vorgestellt.

8.1 Der normale Pinsel

Besonders vielfältig sind die Einstellmöglichkeiten:

Pinsel-formen

Hier können Sie **Zeichengeräte** wählen, die simuliert werden sollen, wie Pinsel, Sprühdose, Bleistift usw.

Diverse Voreinstellungen zu jedem Zeichengerät.

Zusätzlich können Sie hier verschiedene **Formen** auswählen, z.B. rund oder rechteckig oder mit weichem Rand oder hart.

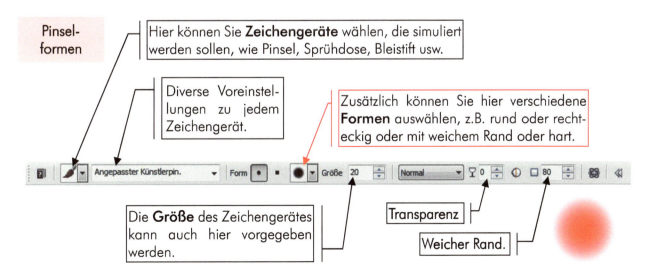

Die **Größe** des Zeichengerätes kann auch hier vorgegeben werden.

Transparenz

Weicher Rand.

Beispiele für verschiedene Pinsel (jeweils in anderer Farbe):

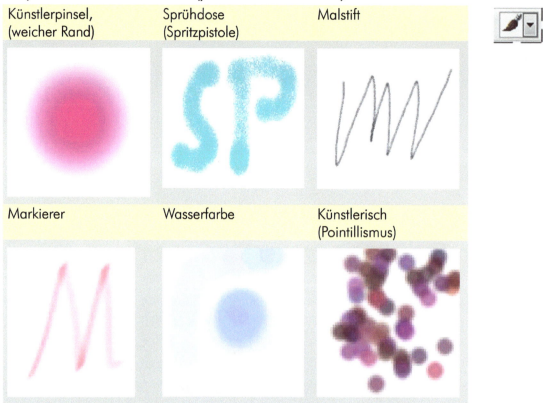

Künstlerpinsel, (weicher Rand)	Sprühdose (Spritzpistole)	Malstift
Markierer	Wasserfarbe	Künstlerisch (Pointillismus)

8.2 Hilfsmittel Effekt - Verschmieren

Wie mit einem mit Reinigungsmittel getränkten Wattestäbchen werden die Farben verschmiert. Probieren Sie es aus!

Selbstverständlich kann auch die **Form** unseres Wattestäbchens in der Eigenschaftsleiste komplett definiert werden, genauso wie bei dem Pinsel:

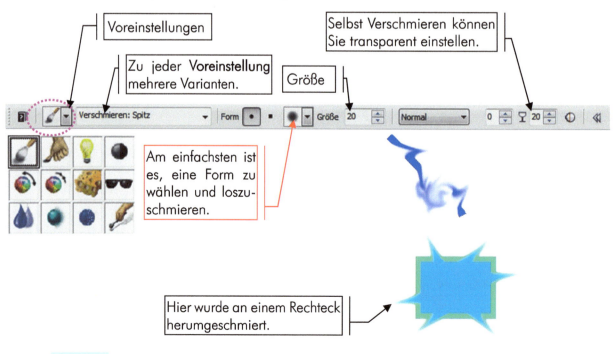

Voreinstellungen

Zu jeder **Voreinstellung** mehrere Varianten.

Größe

Selbst Verschmieren können Sie transparent einstellen.

Am einfachsten ist es, eine Form zu wählen und loszuschmieren.

Hier wurde an einem Rechteck herumgeschmiert.

8.3 Übungen Pinsel

Jetzt kann so richtig gemalt werden. In der Praxis ist der **Pinsel** gut einsetzbar, außerdem die Möglichkeit, mit weißer Linienfarbe zu übermalen und natürlich zu radieren und zu verschmieren.

Solche Zeichnungen lassen sich im **CorelDRAW** besser und einfacher anfertigen. Gelegentlich soll etwas aber wie handgemalt aussehen. Beobachten Sie die Titelblätter von Büchern und die Werbeanzeigen! Je nach Aufgabe ist einmal Corel PHOTO-PAINT, einmal CorelDRAW das idealere Programm.

Im PHOTO-PAINT immer zuerst mit dem Hintergrund anfangen, die kleinen Details zum Schluss! Objekte kombinieren spart Speicherplatz, aber erst, wenn wirklich alles fertig ist.

Probieren Sie folgendes:

Kreis mit gedrückter [Strg]-Taste und dicker Linie als Objekt zeichnen.

Die Tiere finden Sie bei den Pinselformen ganz unten.
Nur tupfen!
Wenn Sie nicht die richtige Stelle getroffen haben, sofort [Strg]-z!

Lauter Rechtecke.

Zuerst eine riesengroße **Ellipse** mit Füllung.

Augen mit dem Pinsel, sehr groß, ebnen um 60, drehen linkes Auge 80°, rechtes um 100°, dann Tupfen. Passt nicht? Gleich [Strg]-z und anders einstellen.

Der Rest ist mit dem Pinsel bei jeweils anderen Einstellungen gezeichnet.

8.4 Bildsprühdose

Ein sehr einfaches, aber äußerst wirkungsvolles Hilfsmittel. Mit diesem Werkzeug können wir Bilder aus diversen Bilderlisten versprühen.

Versprühte Schmetterlinge:

Mit Bildsprühdosen können auch schnell schöne Hintergründe oder Rahmen, z.B. um ein Porträt, erstellt werden.

Dies ist so anzuwenden:

♦ Bei dem Pinsel die Bildsprühdose und dann oben aus der Eigenschaftsleiste eine Bildliste auswählen, diese mit **gedrückter Maustaste** versprühen oder mit **einmal Klicken** jeweils ein Bild dieser Bildreihe setzen.

Die erweiterte Eigenschaftsleiste:

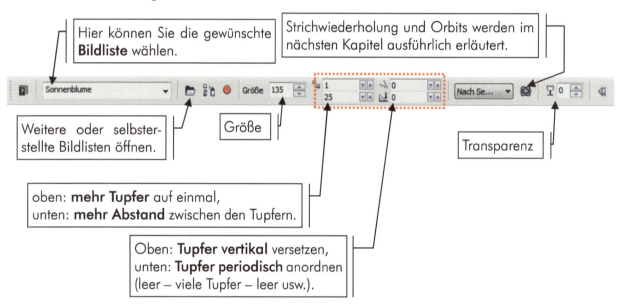

Hier können Sie die gewünschte **Bildliste** wählen.

Strichwiederholung und Orbits werden im nächsten Kapitel ausführlich erläutert.

Weitere oder selbsterstellte Bildlisten öffnen.

Größe

Transparenz

oben: **mehr Tupfer** auf einmal, unten: **mehr Abstand** zwischen den Tupfern.

Oben: **Tupfer vertikal** versetzen, unten: **Tupfer periodisch** anordnen (leer – viele Tupfer – leer usw.).

Bei jeder Bildsprühdose sind acht verschiedene Einzelbilder gespeichert, die nacheinander eingefügt werden, hier acht Schmetterlinge.

Bildlisten laden:

♦ **Weitere Bildlisten** finden Sie auf der DVD mit den Fotos in dem Ordner Extras\Content\CorelPHOTO-PAINT\IMGlist**Paint**.

Eigene Bildlisten erstellen:

♦ Wie Sie **eigene Bildlisten** erstellen können, wird im Fortschrittsband zu CorelDRAW und PHOTO-PAINT erläutert. Noch fehlen uns die hierfür erforderlichen Masken- und Objektbefehle.

9. Spezielle Pinseleinstellungen

9.1 Die Freihandlinie und Kalligraphie

Jetzt wollen wir uns die vielfältigen Einstellmöglichkeiten genauer ansehen. Wählen Sie bei dem Pinsel z.B. den Bleistift oder den Künstlerpinsel.

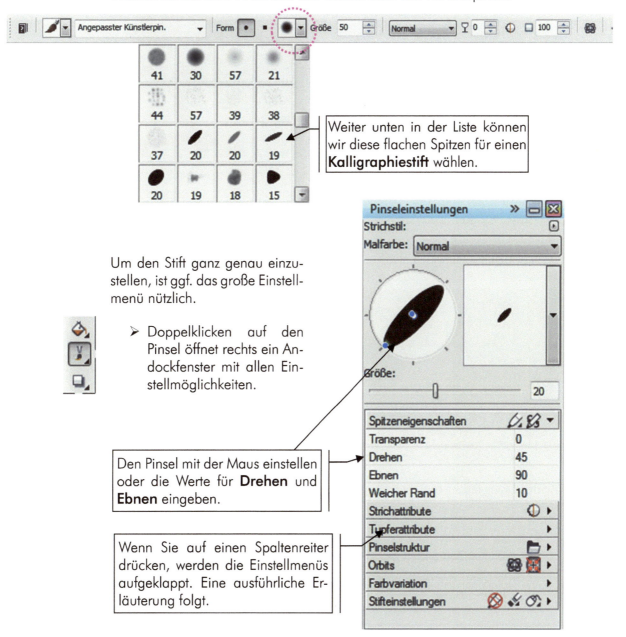

Weiter unten in der Liste können wir diese flachen Spitzen für einen **Kalligraphiestift** wählen.

Um den Stift ganz genau einzustellen, ist ggf. das große Einstellmenü nützlich.

> Doppelklicken auf den Pinsel öffnet rechts ein Andockfenster mit allen Einstellmöglichkeiten.

Den Pinsel mit der Maus einstellen oder die Werte für **Drehen** und **Ebnen** eingeben.

Wenn Sie auf einen Spaltenreiter drücken, werden die Einstellmenüs aufgeklappt. Eine ausführliche Erläuterung folgt.

9.1.1 Erläuterung zu Drehen und Ebnen

Einen Kalligraphiestift können wir uns mit den Einstellungen für **Ebnen** und **Drehen** selbst erzeugen oder einstellen. Damit können Sie japanische Schriftzeichen malen.

Stiftform z.B. Quadrat   **Ebnen** um 50   **Drehen** um 90 Grad

9.1.2 Übungen zu Freihandlinie und Pinsel

> ➤ Probieren Sie folgende Schriftzeichen mit Kalligraphie. Ändern Sie dabei die **Liniendicke** und **-farbe**.

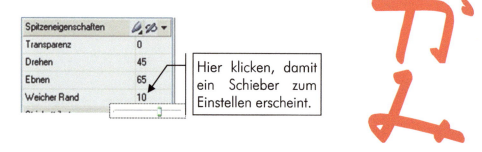

> ➤ Jetzt noch folgendes. Beim Haus können Sie die gerade Linie verwenden, für den Text wäre die Sprühdose (Pinsel-Sprühdose) nicht schlecht.

> ➤ Der Hintergrund wurde mit der Bildsprühdose erstellt.

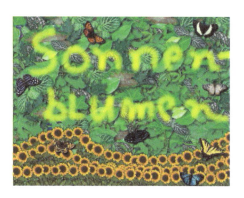

Mit der Maus läßt sich nicht schön malen. Hier ist ein **Zeichentablett** zu empfehlen.

> ◆ Diese sind mit einem **druckempfindlichen Stift** ausgestattet, so dass wie mit echten Stiften gemalt werden kann:
>> ✎ je fester gedrückt wird, umso dicker wird die Linie oder der Pinselstrich.

9.2 Pinsel variieren

Die zahlreichen weiteren Einstellmöglichkeiten sind nur in Ausnahmefällen erforderlich. Darum reicht ein kurzer Überblick.

Hier lässt sich nun wirklich alles einstellen. Ein paar Anregungen:

Pinseleinstellungen	» 🗕 ☒
Strichstil:	▸
Malfarbe:	Normal ▾

Größe: 20

Änderungen **zurücksetzen** oder als neuen Pinsel speichern.

Eine andere Pinselform **wählen**.

Die Pinselgröße kann mit dem Schieber eingestellt werden

Spitzeneigenschaften	✎ ✍ ▾
Transparenz	0
Drehen	64
Ebnen	90
Weicher Rand	39
Strichattribute	◑ ▾
Glättung	10
Ausblenden	0
Tupferattribute	▾
Anzahl der Tupfer	1
Abstand	25
Ausbreitung	0
Farbton	0
Sättigung	0
Helligkeit	0
Pinselstruktur	📁 ▸
Orbits	⊞ ▾
Anzahl der Orbits	1
Radius	25
Drehungsgeschwindigkeit	10
Geschwindigkeitszuwachs	15
Zuwachsmenge	0
Farbvariation	▾
Farbtonbereich	100
Farbtongeschwindigkeit	0
Sättigungsbereich	180
Sättigungsgeschwindigkeit	0
Helligkeitsbereich	180
Helligkeitsgeschwindigkeit	0
Stifteinstellungen	⊘ ✎ ⟳ ▾
Größe	50
Deckkraft	0
Weicher Rand	0
Farbton	0
Sättigung	0
Helligkeit	0
Füllmuster	0

Wenn Sie auf einen Oberbegriff klicken, klappen die Einstellungen auf. Erneutes Anklicken schließt die Optionen wieder.

Tupfer mit großem Abstand und Farbvariation.

Tupfer mit kleinem Abstand und Farbvariation ergibt "Schlange".

Orbits hiermit einschalten.

Orbits: der Pinsel kreist um den Mittelpunkt, diverse Strukturen entstehen, hier mit Farbvariation.

Wichtig! Alle Einstellungen gelten solange, bis Sie diese wieder ausschalten!

9.3 Orbits

Bei dem Pinsel finden Sie auch die Orbits, voreingestellte Pinsel-Muster. Hier in PHOTO-PAINT X4 können vorgefertigte Orbits links oben aus der Schaltfläche „**Pinseltyp**" gewählt werden.

Probieren Sie z.B. Schlange, Konfetti, Faser usw.

Orbits hiermit einschalten.

Orbits können auch von Hand eingestellt oder angepasst werden. Da sich ganz schöne Effekte erzielen lassen, folgen hier ein paar Hinweise. Im Pinsel-Einstellmenü finden Sie bei dem rechts abg. Symbol die **Orbit**-Einstellungen.

Orbits sind schöner, wenn eine **Farbvariation** eingestellt ist, z.B. für den Farbtonbereich 50, bei den **Spitzeneigenschaften** überall 0 eintragen und den runden Pinsel ohne verlaufenden Rand mit der **Größe 20** einstellen.

Dann können Sie die Größe und Form der Orbits anpassen:

Ein Orbit mit Radius 1 und Farbvariation:	Drei Orbits mit einem Radius von 80:	Jetzt lassen wir die Orbits noch drehen:

Orbits		Orbits		Orbits	
Anzahl der Orbits	1	Anzahl der Orbits	3	Anzahl der Orbits	3
Radius	1	Radius	90	Radius	90
Drehungsgeschwindigkeit	0	Drehungsgeschwindigkeit	0	Drehungsgeschwindigkeit	100
Geschwindigkeitszuwachs	0	Geschwindigkeitszuwachs	0	Geschwindigkeitszuwachs	0
Zuwachsmenge	0	Zuwachsmenge	0	Zuwachsmenge	0

Eine niedrigere Drehungsgeschwindigkeit ergibt ein Telefonkabel:	Hohe Drehungsgeschwindigkeit und Zuwachs ergibt Kugeln:	Je mehr Orbits (hier 50), desto feinere Strukturen:

Orbits		Orbits		Orbits	
Anzahl der Orbits	3	Anzahl der Orbits	3	Anzahl der Orbits	100
Radius	90	Radius	90	Radius	90
Drehungsgeschwindigkeit	10	Drehungsgeschwindigkeit	100	Drehungsgeschwindigkeit	100
Geschwindigkeitszuwachs	0	Geschwindigkeitszuwachs	80	Geschwindigkeitszuwachs	100
Zuwachsmenge	0	Zuwachsmenge	100	Zuwachsmenge	100

10. Schöne Füllmuster

Eine besondere Spezialität von Corel sind die zahlreichen Füllmuster, die wir im Folgenden der Reihe nach vorstellen werden.

➢ Beginnen Sie ein neues Bild mit **600 x 800 Punkten**.

➢ Den **Farbeimer** wählen. In der Eigenschaftsleiste erscheinen die Füllungs-Optionen.

Das vollständige Menü mit der Transparenzeinstellung:

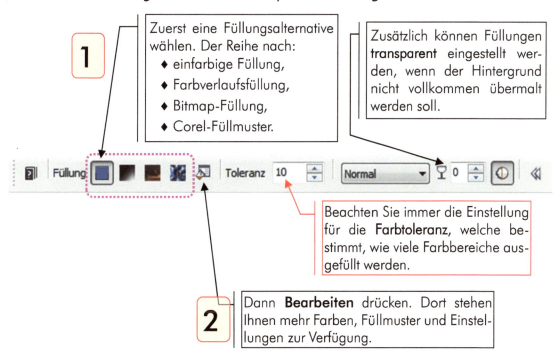

1 Zuerst eine Füllungsalternative wählen. Der Reihe nach:
- ♦ einfarbige Füllung,
- ♦ Farbverlaufsfüllung,
- ♦ Bitmap-Füllung,
- ♦ Corel-Füllmuster.

Zusätzlich können Füllungen **transparent** eingestellt werden, wenn der Hintergrund nicht vollkommen übermalt werden soll.

Beachten Sie immer die Einstellung für die **Farbtoleranz**, welche bestimmt, wie viele Farbbereiche ausgefüllt werden.

2 Dann **Bearbeiten** drücken. Dort stehen Ihnen mehr Farben, Füllmuster und Einstellungen zur Verfügung.

Weil die Füllungsmöglichkeiten äußerst zahlreich sind, werden wir uns auf den folgenden Seiten genauer damit beschäftigen.

- ♦ Bei den **Bitmap-Füllungen** sind auch echte Fotos zu finden, z.B. Kirschen oder Steine, die als Füllung verwendet werden können.

Zuweisen

- ♦ Wenn Sie eine Füllfarbe wählen, gilt diese für alle neuen Objekte, bis Sie die Einstellung wieder ändern.

  ✍ Bildteile nachträglich ändern geht mit dem **Farbeimer** oder dem **Farbradierer,** jedoch mit den Einschränkungen für Pixelgrafiken (je nach Farbähnlichkeit wird zu viel oder zu wenig ausgefüllt).

10.1 Einfarbige Füllungen

Eine **einfarbige Füllfarbe** ist rechts aus der Farbpalette einfacher aufgenommen.

Dieses Menü ist darum nur in zwei Sonderfällen erforderlich. Zum einen, wenn Sie einen in der Farbpalette nicht vorhandenen Farbton zusammenmischen, zum anderen, wenn Sie eine Farbe aus einer der genormten Farbpaletten verwenden möchten.

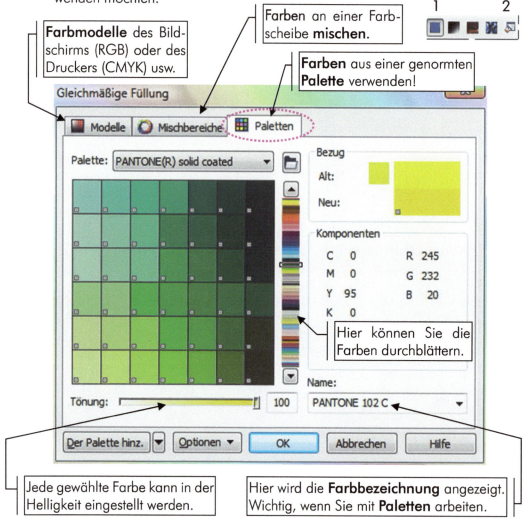

Farbmodelle des Bildschirms (RGB) oder des Druckers (CMYK) usw.

Farben an einer Farbscheibe **mischen**.

Farben aus einer genormten **Palette** verwenden!

Hier können Sie die Farben durchblättern.

Jede gewählte Farbe kann in der Helligkeit eingestellt werden.

Hier wird die **Farbbezeichnung** angezeigt. Wichtig, wenn Sie mit **Paletten** arbeiten.

Die Paletten können wichtig sein und werden deshalb auf der nächsten Seite mit den Farbmodellen ausführlich behandelt. Zunächst eine kleine Warnung.

Füllmuster entfernen kann schwierig werden!

♦ Eine **einfarbige Füllung** können Sie jederzeit mit dem Farbeimer anders ausgießen.

♦ Nicht jedoch eine **Farbverlaufsfüllung**, weil diese aus vielen verschiedenen Farben besteht!

   ↳ Der **Farbeimer** würde nur einen kleinen Bereich ausfüllen, bei größerer Toleranz werden meist die umliegenden Farben mit gefüllt.

Ggf. sofort rückgängig drücken oder das Bild vor dem Zuweisen einer mehrfarbigen Füllung speichern.

10.1.1 Über die Farbmodelle

Etwas Theorie. Bei den Farbpaletten gibt es einige zur Auswahl.

Die Farben rechts am Bildschirm:

- ◆ Bei **Fenster-Farbpaletten** können Sie einstellen, welche Farbpalette rechts am Bildschirmrand angezeigt wird, normalerweise die Palette **Standardfarben**.

   ↳ Aus dieser **Farbpalette** können Sie mit der Maus die Farben aufnehmen oder aus dem zuvor abgebildeten **Menü**.

> Sie können mehrere Paletten öffnen.
> Um eine Palette zu schließen, hier klicken,
> dann **Palette-Schließen**.

Wichtige Farbmodelle:

Auf den ersten beiden Karteikarten können Sie bei „Modell" verschiedene Farbmodelle wählen. Ein kleiner Überblick über die **Farbmodelle**:

- ◆ **CMYK**, das Farbmodell von einem Vierfarbdrucker, u.a. also von fast jedem Tintenstrahldrucker.

   ↳ Es bedeutet: C = CYAN, M = MAGENTA, Y = YELLOW, K = BLAC<u>K</u>. Aus diesen vier Farben werden alle anderen gemischt.

- ◆ Das **RGB**-Schema wird von Bildschirmen und Fernsehern verwendet. Alle Farben werden aus <u>R</u>ot, <u>G</u>rün und <u>B</u>lau gemischt.

   ↳ Wenn alle drei Grundfarben 100% an sind, ergibt dies einen weißen Bildschirm, weshalb von einem sogenannten **additiven Modell** gesprochen wird,

   ↳ während bei CMYK das weiße Papier bleibt, wenn alle Farben aus sind (=**subtraktive Farbmischung**).

10.1.2 Über die Paletten

*Die **Paletten** sind genormte Farbpaletten, die die Maler und Drucker verwenden und welche es bereits vor den Computern gab, z.B.:*

- ◆ nach dem **Focoltone**-Farbschema genormte Farben verwenden Sie, wenn Sie Ihre Rauhfasertapete streichen.
- ◆ Die **Pantone**-Skalenfarben werden zur eindeutigen Beschreibung einer gewünschten Farbe verwendet, z.B. für Firmenlogos oder von Innenarchitekten.

Die **Paletten** sind sehr wichtig, wenn eine Farbe genau stimmen muss. Beispielsweise sind die Farben bei fast allen **Firmenlogos** aus der Palette Pantone entnommen und damit eindeutig festgelegt.

Grafiker, Drucker und Maler haben Kataloge mit diesen Farbpaletten. Nur somit ist gewährleistet, dass die gewünschte Farbe reproduziert werden kann. Wenn Sie dem Drucker die **Farbnummer** einer Palettenfarbe mitteilen, passen die Farben wie geplant, abgesehen davon, dass Ihr Bildschirm und Drucker die Farben auch etwas verfälscht (vgl. S.128).

10.2 Die Farbverlaufsfüllung

Weiter zu der Farbverlaufsfüllung, der nächsten, interessanteren Alternative.

> Auf **Füllung bearbeiten...** drücken, um zu dem Auswahl- und Einstellungsmenü zu gelangen:

Mit dem Symbol „Bearbeiten" erscheint wieder das Einstellmenü:

Alle Typen ausprobieren:
Linear, radial, konisch, eckig, rechteckig.

Den **Winkel** einstellen.

Die Anzahl der **Stufen**. Fein und unsichtbar oder wenige, erkennbare Streifen?

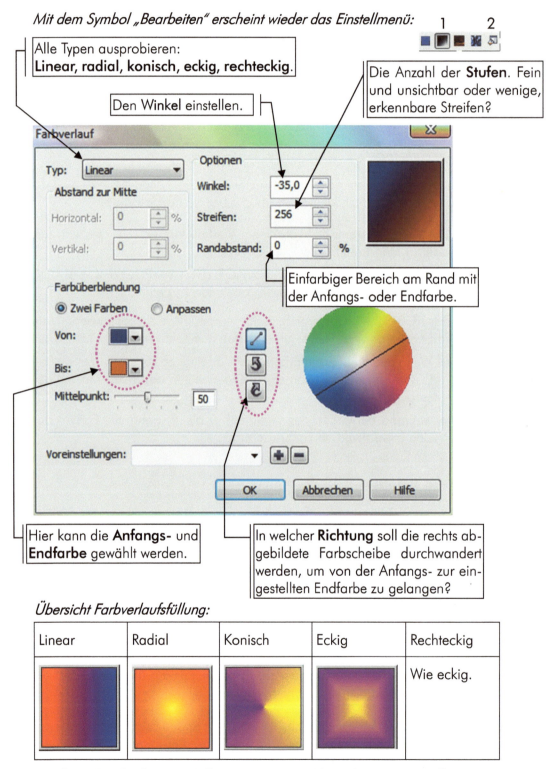

Einfarbiger Bereich am Rand mit der Anfangs- oder Endfarbe.

Hier kann die **Anfangs-** und **Endfarbe** gewählt werden.

In welcher **Richtung** soll die rechts abgebildete Farbscheibe durchwandert werden, um von der Anfangs- zur eingestellten Endfarbe zu gelangen?

Übersicht Farbverlaufsfüllung:

Linear	Radial	Konisch	Eckig	Rechteckig
				Wie eckig.

Beachten Sie die fertigen Füllungen unten im Menü bei **Voreinstellungen**. Damit diese Einstellmöglichkeiten klarer werden, folgt eine kleine Übung.

10.2.1 Mehrfarben-Füllung

Mit diesen Einstellmöglichkeiten für den Farbverlauf kann auch eine mehrfarbige Füllung erzielt werden.

➢ Damit die Farben gezielt gewählt werden können, bei Farbüberblendung statt **zwei Farben** (Anfangs- und Endfarbe des Farbverlaufs) auf **Anpassen** umschalten.

Damit können mehr als zwei Farben eingestellt werden:

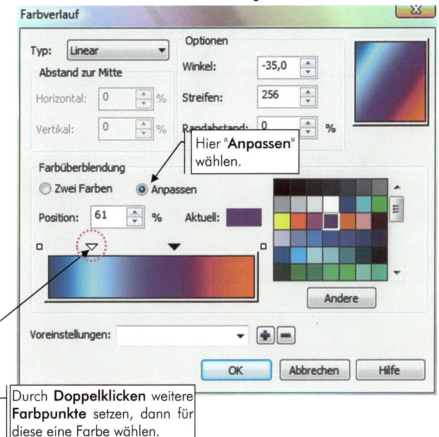

Hier "**Anpassen**" wählen.

Durch **Doppelklicken** weitere **Farbpunkte** setzen, dann für diese eine Farbe wählen.

Weiteres zu den Farbverlaufsfüllungen:

♦ Für einen **markierten Farbpunkt** können Sie eine andere **Farbe** wählen, diesen mit der Maus **verschieben** oder mit [**Entf**] oder erneutem Doppelklicken löschen.

　🖐 Sie können beliebig viele neue Farbpunkte setzen und damit individuelle Füllmuster zusammenstellen.

♦ Bei „**Winkel**" können Sie die Füllung drehen oder bei „**Streifen**" die Anzahl der Streifen reduzieren, wenn einzelne Farbstreifen erkennbar sein sollen.

♦ Natürlich können Sie auch für die anderen Füllungen (**Radial**, **Konisch**, **Eckig**) die Farben anpassen.

➢ Zeichnen Sie noch ein paar Quadrate mit jeweils anderen Füllungseinstellungen.

10.3 Bitmap-Füllung

Von Bitmap kommt die Dateiendung **bmp**, die unter anderem für Windows-Hintergrundbilder verwendet wird. Damit ist klar, dass wir es hier mit einer **Pixel-Füllung** zu tun haben, die sich aus Punkten zusammensetzt – mit allen Nachteilen wie gezackten Kanten. Die hier vorhandenen Füllungen sind gescannte Fotos, z.B. ein Korb voller Kirschen.

➢ Drücken Sie wieder auf **Bearbeiten**, um andere Füllmuster wählen zu können.

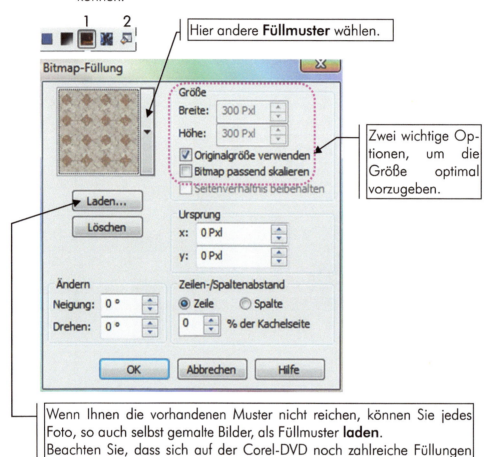

Hier andere **Füllmuster** wählen.

Zwei wichtige Optionen, um die Größe optimal vorzugeben.

Wenn Ihnen die vorhandenen Muster nicht reichen, können Sie jedes Foto, so auch selbst gemalte Bilder, als Füllmuster **laden**.
Beachten Sie, dass sich auf der Corel-DVD noch zahlreiche Füllungen befinden, die ebenfalls importiert werden können.

Weil meistens die zu füllenden Flächen größer sind als das Füllmuster, wird das Muster aneinandergereiht – wie **Kacheln** im Bad.

Kacheln

Dabei gibt es folgende Optionen:

♦ Sie können entweder mit der Option „**Bitmap passend skalieren**" die Größe des Musters an das zu füllende Objekt anpassen, was für

🖐 **größere Füllflächen größere Füllmuster** ergibt oder

♦ bei **Kachelgröße** die genauen Maße von einer "Kachel" angeben. Die Standardgröße sind 300 Pixel.

➢ Zuerst ohne Änderung **probieren**, dann sehen Sie, ob Sie ein feineres oder gröberes Muster brauchen. **Rückgängig** und jetzt anders einstellen.

10.3.1 Füllmuster importieren

Eine kleine Übung:

> ➤ Wählen Sie im vorigen Menü die Schaltfläche „**Laden**".

> ➤ Suchen Sie in dem Öffnen-Fenster ein **Foto** von der Corel-DVD (Ordner Extras\Content) und öffnen Sie dieses.

> ➤ Jetzt ist dieses Foto als Füllmuster im Corel verwendbar.

> ➤ Mit dem **Farbeimer** das Füllmuster dem Hintergrund zuweisen.

10.4 Corel-Füllmuster

Jetzt kommen wir zu den von Corel erstellten Füllmustern. Hier ist die Auswahl äußerst umfangreich. Da es sich nicht um Pixelbilder handelt, ist der Speicherbedarf sehr gering. Überzeugen Sie sich selbst!

> ➤ Wie immer kann bei **Bearbeiten** ein anderes Muster gewählt und eingestellt werden.

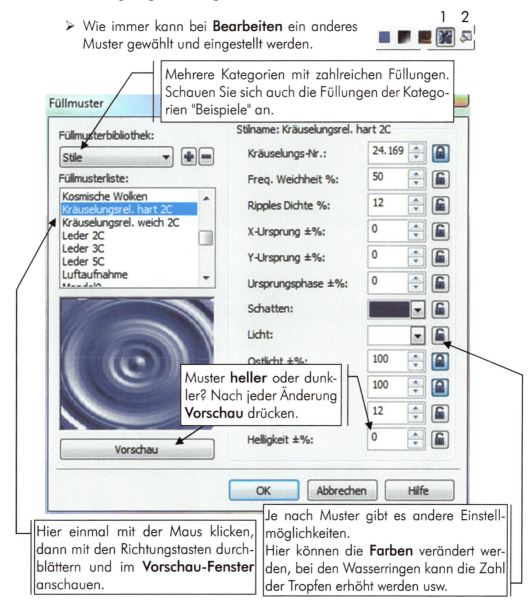

Mehrere Kategorien mit zahlreichen Füllungen. Schauen Sie sich auch die Füllungen der Kategorien "Beispiele" an.

Muster **heller** oder dunkler? Nach jeder Änderung **Vorschau** drücken.

Hier einmal mit der Maus klicken, dann mit den Richtungstasten durchblättern und im **Vorschau-Fenster** anschauen.

Je nach Muster gibt es andere Einstellmöglichkeiten.
Hier können die **Farben** verändert werden, bei den Wasserringen kann die Zahl der Tropfen erhöht werden usw.

10.5 Beispiele für die Füllmuster

Abschießend eine kleine Übersicht, natürlich ohne die einfarbigen Füllungen.

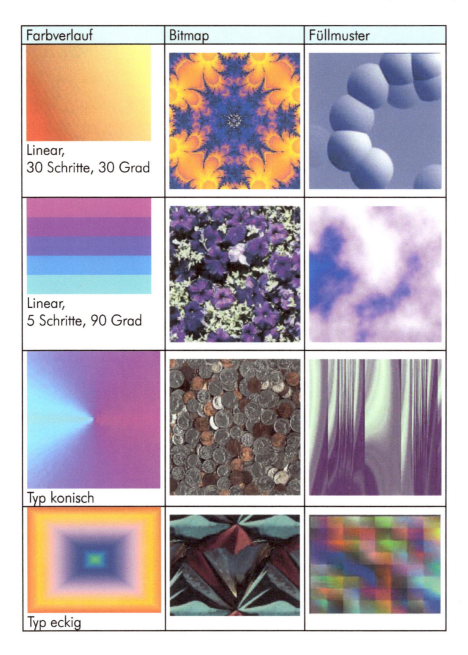

Farbverlauf	Bitmap	Füllmuster
Linear, 30 Schritte, 30 Grad		
Linear, 5 Schritte, 90 Grad		
Typ konisch		
Typ eckig		

10.6 Weitere Füllmuster laden

Auf Ihrem Rechner wurde nur eine Auswahl der Füllungen installiert, damit nicht zu viel Speicherplatz beansprucht wird.

> ➤ Weitere Füllmuster finden Sie auf der Corel-DVD im Ordner „**Ext-ras\Content\Custom Data\Tiles**".

>> ✎ Diese können Sie bei den Bitmap-Füllungen mit „**Bearbeiten**", dann „**laden**" direkt von der CD öffnen.

Tiles

10.7 Übung Füllung und Schatten

Eine kleine Übung mit vielen Füllungen. Im PHOTO-PAINT ist es besonders wichtig, mit dem Hintergrund anzufangen.

➢ Neues Bild, 800 Pixel breit und 600 hoch.

➢ Zuerst das Papier mit einer **Farbverlaufsfüllung** versehen, von der hier nicht mehr viel zu erkennen ist, dann einige **Orbits** (vgl. S. 56) darüber zeichnen und kräftig verwischen.

     ✎ Damit die Orbits erkennbar werden, zusätzlich die Farbvariation aktivieren.

➢ Abschließend **Text** schreiben, schräg stellen, Schatten ergänzen, hier "flach hinten" (vgl. S. 78).

> Mit dem Hilfsmittel **Verschmieren** bei sehr großer Pinseleinstellung.

> Die großen Orbits.

Orbits		
Anzahl der Orbits	128	
Radius	666	
Drehungsgeschwindigkeit	100	
Geschwindigkeitszuwachs	10	
Zuwachsmenge	100	
Farbvariation		
Farbtonbereich	180	
Farbtongeschwindigkeit	33	
Sättigungsbereich	0	
Sättigungsgeschwindigkeit	0	
Helligkeitsbereich	0	
Helligkeitsgeschwindigkeit	0	

Orbits können Sie bei dem Pinsel einstellen. Mit Doppelklicken auf das Pinselwerkzeug erscheint das Einstellmenü, in dem Sie z.B. mit folgenden Daten schöne Orbits erhalten. Zusätzlich **Farbton** = 0 und dann mit dem Abstand bei Tupferattribute experimentieren.

Im nächsten Kapitel lernen Sie, wie im PHOTO-PAINT mit **Masken** und **Objekten** gearbeitet werden kann.

Zweiter Teil

Objekte

im
PHOTO-PAINT

11. Die Farbmaske

Betrachten Sie einmal Ihre Fernsehzeitschrift oder einen Werbeprospekt. Für uns ist es ganz selbstverständlich geworden, dass **Ausschnitte** aus einem Film oder einem Foto oder Bilder von Elektrogeräten in den Druckmedien vor einen anderen Hintergrund gesetzt sind.

♦ Dafür müssen diese Gegenstände aus der Fotographie herausgeschnitten werden. Das ist das gleiche Prinzip, wie wenn Sie etwas mit einer Schere ausschneiden.

Objekte + Masken

    ✎ Übrig bleibt ein **Objekt**, das nun in ein anderes Bild gesetzt werden kann, z.B. in einen Werbeprospekt mit einer Farbverlaufsfüllung als Hintergrund.

♦ Das ist im PHOTO-PAINT mit der **Maskenfunktion** möglich.

    ✎ **Masken** sind Auswahlrahmen, die wir so lange verändern können, bis wir genau unser Objekt umrandet haben.

    ✎ Erst dann wird das Maskierte **kopiert** und in andere Bilder **eingefügt**.

Was im Folgenden erläutert wird, ist zwar zugegebenermaßen keine leichte Angelegenheit, aber das alltägliche Geschäft der Grafikprofis und, unvermeidlich, mit viel Kleinarbeit verbunden.

*Grundsätzlich gibt es zwei Wege, um **Objekte** aus einem Foto herauszuschneiden:*

♦ Das **Maskenhilfsmittel**: hier wird eine Maske (=Auswahlrahmen) möglichst genau an den Umriss des Objekts angepasst, dann kann alles innerhalb dieser Maske kopiert werden.

♦ Die **Farbmaske**: oft unterscheidet sich das auszuwählende Objekt durch die Farben deutlich von dem Hintergrund, z.B. wenn der Hintergrund einfarbig ist. Dann kann in der Farbmaske angegeben werden, welche Farben gewählt werden sollen.

    ✎ Eine schnelle Methode für einfarbige Hintergründe ist, diese Farbe **auszublenden**. Hierfür findet sich der Befehl bei den **Transparenz-Werkzeugen** und wird demnächst vorgestellt.

Mit **Masken** markieren, dann dieses kopieren und im aktuellen Bild oder einem anderen als **Objekt** einfügen.

11.1 Bilder wählen

Sie können Fotos von der Corel-DVD oder anderen Quellen wie jede Datei öffnen. Um jedoch die Auswahl eines Fotos oder ClipArts zu erleichtern, ist die Vorschaufunktion des **Windows Explorers** ideal, denn bei dem **Skizzenbuch** sind die Vorschaubilder leider zu klein.

> ➢ Das Skizzenbuch könnte noch mit **[Strg]-F12** geöffnet werden, doch da die Vorschaubilder zu klein sind, den Windows Explorer starten: Start-Alle Programme-Zubehör-**Windows Explorer**.

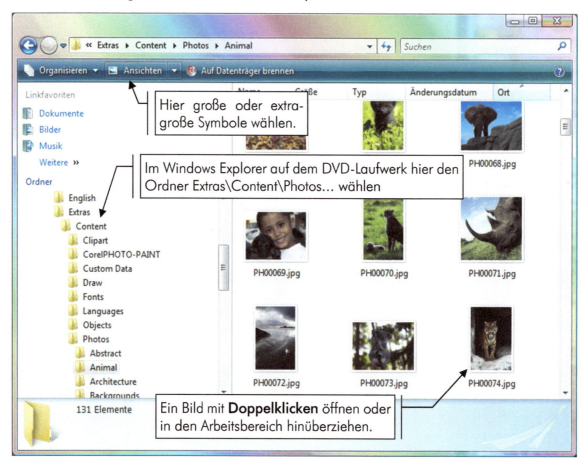

Mit kleinen Vorschaubildern werden die Bilder oder ClipArts angezeigt, das gewünschte Bild braucht nur mit der Maus in Photo-Paint gezogen werden. Dabei gibt es zwei Möglichkeiten:

- ◆ Ziehen Sie ein Bild auf ein anderes, bereits geöffnetes, so wird das neue Bild ein **Objekt** in dem ersteren.

- ◆ Wenn Sie das Bild in den leeren Arbeitsbereich ziehen, wird es als neues Bild geöffnet. Eine Warnung erscheint meist: "Speichern auf CD nicht möglich". Die gleiche Wirkung erzielen Sie mit **Doppelklicken**.

  - ✍ Wenn Sie das Bild verändern wollen, empfiehlt es sich daher, dieses sofort mit **Datei-Speichern unter** auf Ihrer Festplatte abzulegen.

  - ✍ Wenn Sie **Masken** und **Objekte** verwenden wollen, sollten Sie im PHOTO-PAINT-Format **cpt** speichern, da nur in diesem Format Masken und Objekte gespeichert werden können.

11.2 Bild vorbereiten

In der Praxis ist je nach Fall die eine oder die andere Methode besser geeignet. Oft ist es sogar erforderlich, sich mit beiden Maskenarten in Etappen an das eigentliche Objekt heranzutasten.

- ◆ Die **Farbmaske** ist bei echten Fotographien meistens nicht einsetzbar, weil zu viele Farben mit zu geringen Unterschieden vorkommen.
  - ✎ Außer es wurde bereits beim Fotografieren daran gedacht. So werden Bilder für Werbeprospekte von vornherein vor einer deutlich **andersfarbigen Leinwand** aufgenommen.
  - ✎ Dann kann mit der Farbmaske schnell das Gerät aus dem Foto herausgeschnitten werden.

11.3 Farben ausblenden

Die Möglichkeiten der Farbmaske werden wir anhand einer kleinen Übung erkunden.

- ➤ Zuerst alle geöffneten Bilder und Fotos schließen.

- ➤ **Öffnen** Sie von der DVD aus dem Ordner **Travel** das Bild **PH00897** (in Photo-Paint ziehen),

- ➤ dann aus dem Ordner **Animals** das Foto **PH00098** mit gedrückter Maustaste auf dieses Bild ziehen und passend verkleinern.

Jetzt muss nur noch der Hintergrund der Dogge ausgeblendet werden. Dafür gibt es ein spezielles Werkzeug.

- ➤ Wechseln Sie bei dem Effekte-Symbol zum Werkzeug **Farbtransparenz**. Jetzt können Sie den Hintergrund der Dogge anklicken, bis dieser ausgeblendet ist.
  - ✎ Mehrmals klicken, da Hintergrund aus verschiedenen Farbtönen besteht, was Sie gut erkennen können, wenn Sie stark vergrößern.

Ein interessantes neues Foto entsteht.

Das Problem, dass auch von der Dogge teilweise Farben ausgeblendet werden, wird erkennbar, da auch dort die Farben des Hintergrundes vorkommen. Eine Lösung finden Sie auf Seite 74.

11.3.1 In anderen Programmen Farben ausblenden

Einen Befehl, um einen halbwegs einheitlichen Hintergrund auszublenden, gibt es in jedem Programm, sogar in den meisten Textprogrammen.

Hintergrund in MS Word ausblenden:

♦ dort die Dogge mit Hintergrund einfügen (hinüberziehen oder im PHOTO-PAINT kopieren und im Word einfügen), dann die Grafik anklicken und die Grafiksymbolleiste suchen,

 ↳ falls diese nicht vorhanden ist, auf der Grafik die rechte Maustaste drücken und die Grafiksymbolleiste einschalten. In der Grafiksymbolleiste mit dem links abg. Symbol den auszublendenden Hintergrund wegklicken. Leider kann Word nur einen Farbton ausblenden.

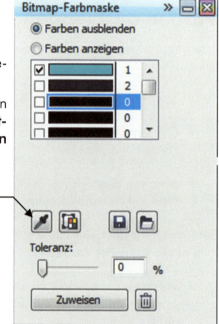

Im CorelDRAW:

♦ Im CorelDRAW finden Sie den Befehl bei **Bitmaps-Farbmaske**.

↳ Wenn sich keine Farbe wählen lässt, ist vorher der Befehl **Bitmaps-In Bitmap konvertieren** anzuwenden.

> Mit der **Pipette** den Hintergrund aufnehmen, dann **Zuweisen**.

11.4 Die Farbmaske

Die Farbmaske funktioniert ähnlich, jedoch können Sie mehrere Farbtöne aufnehmen und für jeden Farbton die **Farbempfindlichkeit** einstellen. Außerdem kann die Maske nachträglich korrigiert werden. Und eine erstellte Maske bietet noch eine interessante Einsatzmöglichkeit.

> Wenn eine Maske vorhanden ist, werden alle Effekte nur auf diesen maskierten Bereich angewendet.

Probieren wir es mit folgender Übung:

➢ Die bisherige Übung schließen und das Bild **Architecture\PH00264** öffnen und **Maske-Farbmaske** wählen, dann den blauen Hintergrund mit der Pipette aufnehmen.

↳ Für perfekte Ergebnisse mehrere Farbtöne aufnehmen und die **Farbtoleranzen** einstellen.

Farbmaske einstellen:

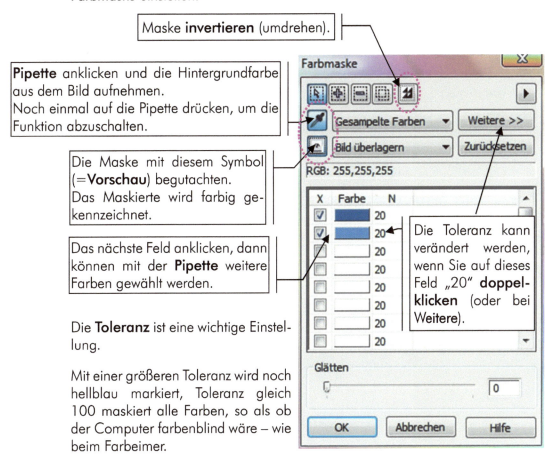

Maske **invertieren** (umdrehen).

Pipette anklicken und die Hintergrundfarbe aus dem Bild aufnehmen.
Noch einmal auf die Pipette drücken, um die Funktion abzuschalten.

Die Maske mit diesem Symbol (=**Vorschau**) begutachten.
Das Maskierte wird farbig gekennzeichnet.

Das nächste Feld anklicken, dann können mit der **Pipette** weitere Farben gewählt werden.

Die Toleranz kann verändert werden, wenn Sie auf dieses Feld „20" **doppelklicken** (oder bei Weitere).

Die **Toleranz** ist eine wichtige Einstellung.

Mit einer größeren Toleranz wird noch hellblau markiert, Toleranz gleich 100 maskiert alle Farben, so als ob der Computer farbenblind wäre – wie beim Farbeimer.

11.4.1 Weiteres zur Farbmaske

♦ Sie können mehrere Farben nacheinander aufnehmen und für jeden Farbton die **Farbtoleranz** passend einstellen.

♦ Je nach Bild ist es günstiger, die Farben des **Hintergrundes** aufzunehmen oder des gewünschten **Objektes**.

♦ Wenn das + gewählt ist, werden die Farben ausgewählt, bei dem – alle anderen Farben.

♦ Erscheint ein Maskenrahmen um das Objekt und um das ganze Bild, so wurde der Bereich zwischen Objekt und Bild markiert.

 ↳ Wenn der verkehrte Teil markiert wurde, kann mit **Maske-invertieren** die Maske umgedreht werden.

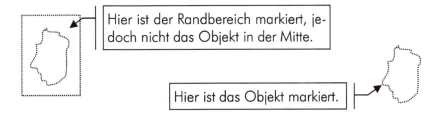

Hier ist der Randbereich markiert, jedoch nicht das Objekt in der Mitte.

Hier ist das Objekt markiert.

11.5 Wichtige Maskensymbole

Die **Symbolleiste Maske** ist oben sichtbar. Hier finden Sie folgende nützliche Befehle:

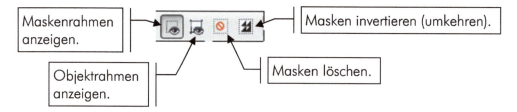

Maskenrahmen anzeigen.

Masken invertieren (umkehren).

Objektrahmen anzeigen.

Masken löschen.

Die Rahmen für Masken und Objekte erleichtern es, vorhanden Masken und Objekte zu erkennen, darum nur kurz zur Begutachtung ausschalten.

11.6 Masken korrigieren

Ein häufiges Problem der Farbmaske ist, dass innerhalb des gewünschten Objektes Pixelpunkte nicht markiert werden, dafür aber im Hintergrund, da Pixelbilder immer aus einem Gemisch an helleren und dunkleren Pixeln die Farben zusammensetzen. Das können wir mit der Pinselmaske korrigieren.

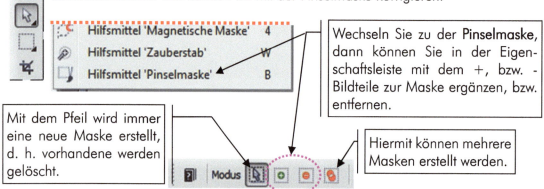

Hilfsmittel 'Magnetische Maske'   4

Hilfsmittel 'Zauberstab'   W

Hilfsmittel 'Pinselmaske'   B

Wechseln Sie zu der **Pinselmaske**, dann können Sie in der Eigenschaftsleiste mit dem +, bzw. - Bildteile zur Maske ergänzen, bzw. entfernen.

Mit dem Pfeil wird immer eine neue Maske erstellt, d. h. vorhandene werden gelöscht.

Hiermit können mehrere Masken erstellt werden.

Mit dem Schieber oder der Auswahlschaltfläche die **Größe des Maskenpinsels** optimal und ohne weichen Rand einstellen.

Hier ist kein Effekt wie auf der nächsten Seite beschrieben angewendet, sondern der maskierte Bereich wurde mit dem **Farbeimer** gefüllt, anschließend die Maske gelöscht.

11.7 Maske und Effekte

Üblicherweise kopieren Sie, wenn die Maske passt und können diesen Bereich nun in dem gleichen Bild oder in anderen Bildern einfügen.

Jetzt wollen wir den Hintergrund anders färben. Sie werden sehen, dass sich alle **Effekte** nur auf den maskierten Bereich auswirken.

> ➢ Probieren Sie die Effekte

>> ▪ Anpassen-**Farbbalance**,
>>> um den Himmel in eine Abendstimmung zu versetzen, oder
>> ▪ Bild-Ändern-**Invertieren** oder
>> ▪ Effekte-Farbänderung-**Solarisation** oder
>> ▪ Effekte-Füllmuster-**Blasen** oder
>> ▪ Effekte-Kreativ-**Kristallisieren** usw.

Alle Effekte funktionieren ähnlich einfach:

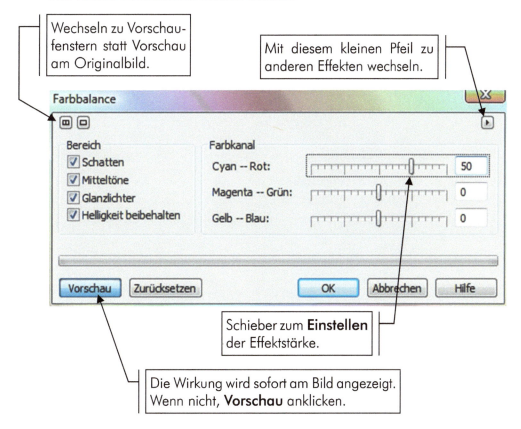

11.8 Probleme mit der Farbmaske

Die Farbmaske lässt sich nur bei Bildern mit sehr wenigen Farben verwenden. Haben Sie eine richtige Fotographie mit sehr vielen Farben und geringen Unterschieden, so lassen sich entweder nicht alle Farben auswählen oder es wird zu viel mit ausgewählt, was zu anderen Objekten gehört.

Darum probieren wir jetzt die normalen Maskenwerkzeuge.

12. Rechteck- und Ellipsenmaske

Sicherlich haben Sie bereits versehentlich das zweite, gestrichelte Rechteck ganz oben angeklickt. Damit wird jedoch kein Rechteck gezeichnet, sondern eine rechteckige **Maske**, so dass dieser Bildausschnitt markiert ist und kopiert oder verschoben werden kann.

12.1 Übung Rechteckmaske

Wir beginnen mit der einfachsten Maske.

➢ Suchen Sie im Internet nach einem für die folgende Übung geeignetem Delphinfoto, dieses im Web öffnen, darauf die rechte Maustaste und auf Ihrer Festplatte speichern, dann im Photo-Paint einfügen.

➢ Drücken Sie das gestrichelte **Rechteck** und ziehen Sie damit ein Rechteck über den Delphin.

➢ **Kopieren** und gleich mehrmals einfügen. Sie erhalten mehrere Objekte, die Sie verschieben können. Leider ist zu bemerken, dass der Hintergrund innerhalb des Rechtecks mitkopiert wurde.

➢ Darum Objekte wieder löschen und den Hintergrund mit dem **Maskenpinsel** und „-“ aus der Maske weg malen (s. S. 74), dann erneut kopieren und Testweise einfügen.

Auch bei diesem blauen Hintergrund fallen die Farbunterschiede des mitkopierten Randbereiches bereits auf.

➢ Öffnen Sie ein **neues Bild** im Querformat mit 1280x1024 Pixeln, zuerst den Hintergrund mit dem Farbeimer wasserblau füllen.

➢ Den Delphin viermal **einfügen**, passend **vergrößern**, drehen und verzerren (vorne verbreitern).

↳ Mit [Esc] abbrechen oder rechte Maustaste-**zuweisen** drücken, um den nächsten Delphin zu bearbeiten.

12.2 Text mit Schatten

➢ Ergänzen Sie den Text, dabei gleich Farbe (rechte Maustaste-Farbe), Schriftart und -größe in der Eigenschaftsleiste einstellen.

↳ Zur nachträglichen Textbearbeitung mit dem Textwerkzeug mehrmals anklicken, bis der Text erwischt wurde, dann markieren und einstellen.

Einen Schatten können Sie mit dem links abg. Symbol ergänzen.

➢ Zuerst Symbol wählen und auf dem Text mit gedrückter Maustaste die Schattenrichtung vorgeben.

↳ Danach können Sie den Schatten mit der Maus verändern (den Schattenpfeil ändern) oder

↳ in der **Eigenschaftsleiste** eine andere Schattenform wählen, z.B. wie im Beispiel "**Großes Leuchten**".

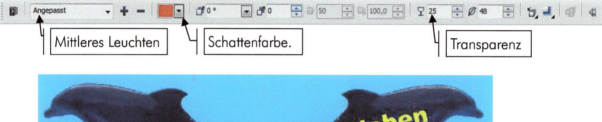

Mittleres Leuchten   Schattenfarbe.   Transparenz

Sie können das neue Bild im PHOTO-PAINT-Format **cpt** speichern und somit die Objekte erhalten, damit spätere Änderungen möglich bleiben.

12.3 Foto weitergeben

Wenn Sie ein Foto z.B. per Internet verschicken wollen, können Sie folgendermaßen eine Kopie im jpg-Format erstellen, wodurch die Dateigröße reduziert
werden kann:

jpg

> ➤ Zuerst im Photo-Paint-Format cpt speichern, wenn Sie die Masken und
> Objekte erhalten wollen, dann Masken löschen und **Objekt-Kombinie-
> ren-Alle Objekte mit Hintergrund**, da erst ohne Objekte und Masken
> mit „**Datei-Speichern unter**" als Dateityp **jpg** angegeben werden
> kann.

12.4 Über Objekte und Masken

Sie sehen, der Delphin wurde zu einem **Objekt**, das beliebig verschoben oder
in der Größe geändert werden kann. Dieses Objekt könnten Sie wie durchgeführt auch in andere Zeichnungen einfügen.

Objekte und Masken:

- ◆ **Masken** sind Markierungsrahmen.

  ✎ Mit diesen Rahmen werden Bildbereiche ausgewählt, die dann ko-
    piert und als Objekt eingefügt werden können.

- ◆ **Objekte** können Sie mit dem **Auswahlwerkzeug** anklicken, verschieben,
  in der Größe ändern usw., ohne dass dies auf das übrige Bild Auswir-
  kungen hat.

12.5 Ellipsen-Maske

Es gibt noch einige andere Maskenhilfsmittel, die wir ausprobieren wollen. Auf
unser Plakat soll noch Werbung für das Restaurant.

> ➤ Öffnen Sie von der DVD das Foto **Food and Drink\PH00430**.

> ➤ Maus auf dem Maskenrechteck gedrückt halten, damit das Menü er-
> scheint. Wählen Sie die **Ellipsen-Maske** und maskieren Sie damit die
> Spagetti.

> ➤ Auf Anhieb klappt es nicht, darum beim Auswahlpfeil mit gedrückter
> Maustaste zur „Maskenänderung" umschalten und die Maske passend
> korrigieren. Abschließend mit dem Maskenpinsel und + oder – die her-
> ausstehenden Lebensmittel noch aufnehmen.

> Wenn das + gewählt ist, mit dem Masken-
> pinsel z.B. die Gurken noch aufnehmen
> (großen runden Pinsel wählen). Zuviel mar-
> kiertes bei gewähltem – weg malen.

> ➤ Kopieren und in das Bild wie abgebildet einfügen, dann den **Text** mit
> einem leicht transparenten **Rechteck** ergänzen, welches hinter den Text
> gesetzt wird.

13. Spezielle Masken

Jetzt werden wir versuchen, Objekte ganz präzise vom Hintergrund zu lösen, in der Fachsprache wird vom „**freistellen**" gesprochen. Dafür gibt es eine Freihandmaske, mittels der in Handarbeit eine Maske erstellt werden kann sowie ein Paar spezielle Maskenwerkzeuge, die eine Kombination zwischen dieser Freihandmaske und der Farbmaske darstellen, die aber nur in seltenen Fällen vorteilhaft sind.

13.1 Bildbereiche auswählen

➢ Öffnen Sie erneut das Foto mit dem Delphin.

Damit das Objekt leichter ausgewählt werden kann, sollte als erstes das Bild auf dieses Objekt reduziert werden, damit schon einmal alles nicht benötigte wegfällt. Dafür gibt es zwei Methoden.

Als neues Bild:

♦ Oft ist nur ein Teilbereich eines Bildes interessant. Dann mit der Rechteckmaske diesen Bereich markieren, kopieren und mit **Datei-Neu aus Zwischenablage** als neues Bild einfügen.

✋ Da ein Objektrahmen sichtbar ist, mit [Strg]-[Umschalt]-[Pfeil nach unten] oder **Objekt-Kombinieren-Alle Objekte** zusammenführen.

Diese Vorbereitung ist bei Fotos praktisch. Besonders der Befehl **Datei-Neu aus Zwischenablage** bewährt sich immer wieder.

Bild reduzieren oder gerade richten:

Mit dem links abgebildeten Symbol können Sie einen Markierungsrahmen im Bild ziehen, diesen anschließend noch beliebig in der Größe anpassen oder drehen und, wenn der Rahmen genau passt, mit **Doppelklicken** das Bild auf diese Rahmengröße zuschneiden lassen.

> In der Größe anpassen oder drehen (noch einmal klicken) und dann mit Doppelklicken abschließen.

Achtung! Nicht speichern, sonst ist das Originalbild reduziert!

13.2 Kombinierte Maskenhilfsmittel

Um genauer an das Objekt heranzukommen, gibt es weitere Werkzeuge, die eine Kombination aus **Maskenrahmen** und **Farbmaske** darstellen:

- Die ersten drei Masken sind Markierungsrahmen.

- Die blau markierten Masken suchen sich automatisch **Farbgrenzen**, so dass, wenn wir uns halbwegs an der Kontur des Delphins entlang bewegen, die Kontur theoretisch erkannt werden könnte.

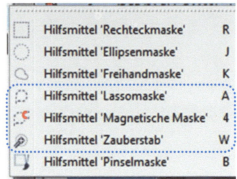

↪ Wie groß diese Farbdifferenzen sein müssen, kann wieder mit der Toleranz in der **Eigenschaftsleiste** bestimmt werden.

Die Funktionsweise dieser „intelligenten" Masken:

- Mit der **Lassomaske** können wir ein Objekt etwas größer umranden, Photo-Paint sucht die nächste innen liegende Farbgrenze.

- Die **Magnetische Maske** folgt Farbgrenzen. Werden diese richtig erkannt, kann die richtige Strecke mit gedrückter Maustaste vorgegeben werden.

- Mit dem **Zauberstab** werden mit jedem Klick Bereiche ähnlicher Farbe maskiert.

> Bei allen Maskenmethoden kann mit + oder – in der Eigenschaftsleiste ergänzt oder entfernt werden, so dass diese Werkzeuge kombiniert einsetzbar sind, z.B. zuerst grob mit der Lassomaske, dann mit dem Zauberstab und mit dem „–" zu viel Markiertes entfernen.

Zur Übung:

- Experimentieren Sie mit allen Varianten. Dabei Masken zurücksetzen, indem Sie neue Masken setzen oder **Maske-entfernen** drücken. Der Delphin kann mit dem **Zauberstab** ruckzuck ausgewählt werden: klicken, + wählen und die verbleibenden Löcher wählen, abschließend mit dem Maskenpinsel die letzten Löcher aufnehmen.

- Probieren Sie diese Maskenwerkzeuge auch mit anderen Bildern aus, bei denen größere Farbunterschiede vorhanden sind.

> Denken Sie daran, ggf. ein Bild mit **Speichern unter** neu abzuspeichern, damit das Original nicht verändert wird.

Weil in einem Foto die Farben nicht scharf getrennt sind, sondern feine Zwischentöne existieren, sind **Lasso** und **Zauberstab** in vielen Fällen leider nicht einsetzbar, so dass in der Praxis ein Objekt mit der Freihandmaske (s. nächste Seite) in Handarbeit meist schneller freigestellt ist als mit vergeblichen Versuchen mit diesen Maskenwerkzeugen.

13.3 Die Freihandmaske

Um den **Hintergrund** wegzuschneiden, müssen wir den Delphin genauer maskieren. Jetzt geht es zu der besten Lösung, der **Freihandmaske**.

➢ Vorherige Masken löschen, dann die **Freihandmaske** wählen und die Flosse möglichst genau zu umranden.

Die optimale Methode, um eine Freihandmaske zu zeichnen:

♦ **Nicht** mit **gedrückter Maustaste** eine Freihandlinie ziehen, sondern durch **Klicken** mit geraden, kurzen Linienstücken den Delphin umrahmen.

↳ Bei stark gekrümmten Passagen öfter klicken, bei geraden Etappen in lagen Abständen klicken. **Doppelklicken** schließt die Aktion ab.

♦ Immer nur **kurze Stücke** angehen, z.B. die Flosse, dann auf der anderen Seite zurück und mit **Doppelklicken** abschließen.

↳ Zum + umschalten und das nächste Stück markieren, am Ende zu viel Markiertes mit dem – von außen entfernen.

↳ Es kann daher auch ein Teilbereich stark **vergrößert** werden. Ist z.B. die Flosse maskiert, wird der Bildbereich verschoben und mit dem + der nächste Teil der Maske hinzugefügt.

➢ Wenn fertig, kopieren und probeweise in andere Bilder **einfügen**. Text mit Schatten ergänzen (vgl. S. 78).

Hier wurde der **Delphin** ausgeschnitten und in das Bild **Architecture\PH00241** viermal eingefügt. Jeden Delphin etwas drehen oder umformen, damit diese nicht gleich aussehen.

Die Flosse wurde mit wenigen Klicken präzise ausgewählt. Dann den Bildausschnitt verschieben und den nächsten Abschnitt maskieren:

Dies ist meistens die beste Variante, um ein **Objekt** freizustellen (vom Hintergrund herauszuschneiden).

Da Masken doch einige Handarbeit erfordern, ist es sinnvoll, die Masken oder die fertigen Objekte zu speichern.

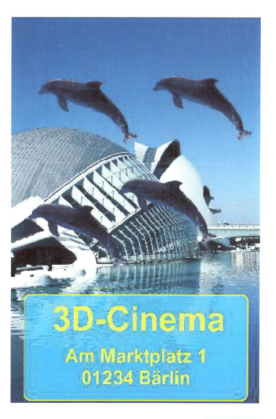

13.4 Maskenvorschau

- In dem Masken-Menü finden Sie zwei Möglichkeiten, die Masken anzuzeigen:

  ✍ Bei der **Maskenüberlagerung** wird der nicht maskierte Bereich farbig eingefärbt, dies ist zur Vorschau geeignet,

  ✍ der **Markierungsrahmen** zum Bearbeiten einer Maske besser.

- Verschieben: aus dem maskierten Bereich wird ein Objekt erstellt, dass inklusive der Maske nun verschoben werden kann.

13.5 Masken korrigieren

➢ Durch das **+** wird der neue Bereich zur bestehenden Maske ergänzt.

➢ Wenn Sie zu viel maskiert haben, auf das **–** umschalten und diesen Bereich wegnehmen.

In der **Eigenschaftsleiste** finden Sie praktische Symbole, mit denen wir zu einer bestehenden Maske ergänzen oder Bereiche herausnehmen können.

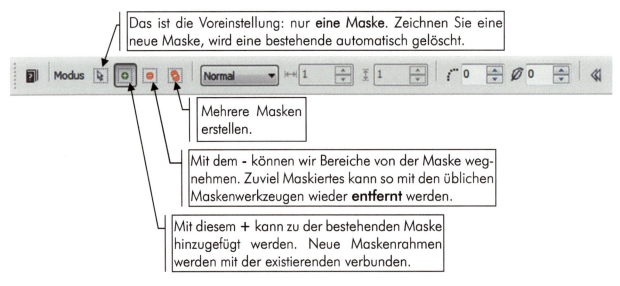

Das ist die Voreinstellung: nur **eine Maske**. Zeichnen Sie eine neue Maske, wird eine bestehende automatisch gelöscht.

Mehrere Masken erstellen.

Mit dem **-** können wir Bereiche von der Maske wegnehmen. Zuviel Maskiertes kann so mit den üblichen Maskenwerkzeugen wieder **entfernt** werden.

Mit diesem **+** kann zu der bestehenden Maske hinzugefügt werden. Neue Maskenrahmen werden mit der existierenden verbunden.

Mit dem **+** und **–** lässt sich auch der **Maskenpinsel**, das letzte Maskenwerkzeug, einsetzen, um wie mit einem Pinsel etwas zur Maske dazuzumalen oder wegzuradieren. Damit ist es nur noch eine Frage der Geduld, bis die Maske haargenau passt.

➢ **Korrigieren** Sie die Maske mit diesen Funktionen, bis es perfekt passt. Evtl. Bildbereiche vergrößern, um noch genauer maskieren zu können.

13.6 Masken speichern

Einmal mühevoll erstellte Masken können **gespeichert** werden. Dabei gibt es bei **Maske-Speichern** (Abb. vorige Seite) drei Optionen:

Masken speichern

- ◆ **Maske auf Datenträger speichern**: die Maske wird auf der Festplatte abgelegt und ist damit in jeder anderen Zeichnung verfügbar, um z.B. aus anderen Bildern Delphinformen herauszuschneiden.

- ◆ **Als Kanal speichern**: die Maske wird **in dem aktuellen Bild** gespeichert und kann in diesem jederzeit geladen werden, wenn Sie später den Delphin erneut kopieren wollen.

- ◆ „Als Alphakanal speichern…": diese Funktion ist unnötig kompliziert.
    - ↳ Zuerst ist ein Alpha-Kanal zu erstellen: Fenster-Andockfenster-Kanäle, dann bei dem kleinen Pfeil „Neuer Kanal".
    - ↳ Dann kann die aktuelle Maske in diesem Kanal gespeichert werden. Einfacher ist es, wenn mehrere Masken erforderlich sind, diese auf dem Datenträger zu speichern.

- ◆ Bei **Maske-Laden** können gespeicherte Masken aktiviert werden.
    - ↳ Wenn Sie eine Maske laden und das + aktiv ist, wird diese zu einer bestehenden Maske ergänzt, bei − abgezogen.

Durch die Möglichkeit, Masken zu speichern, können auch mehrere Masken in einem Bild verwendet werden.

13.7 Weitere Maskenbefehle

Sehr nützlich sind folgende Optionen:

- ◆ **Maske-invertieren**: haben Sie einen Gegenstand maskiert, können Sie damit die Maske auf den Rest des Bildes umkehren und diesen Hintergrund z.B. löschen oder einen Effekt anwenden.

- ◆ Das Symbol links davon: **Maske löschen**.

Bei Maske-Maskenumriss sind noch diese nützlichen Funktionen:

- ◆ **Verlauf**: einen weichen Rand (Verlauf) zur Maske ergänzen.

- ◆ **Wachsen**: die Maske auf angrenzende Bereiche mit ähnlichen Farben erweitern, „**Ähnlich**" ergänzt ähnliche Farben im ganzen Bild.

- ◆ **Glätten**: Kanten der Maske werden abgerundet.

- ◆ **Löcher entfernen**: alle Löcher innerhalb der Maske werden der Maske hinzugefügt.

Masken sichtbar oder unsichtbar:

Mit den folgenden beiden Symbolen können Masken oder Objekte sichtbar oder unsichtbar eingestellt werden.

- ◆ Sichtbar ist generell zu empfehlen, da unsichtbare Masken oder Objekte bei der Bearbeitung Probleme verursachen,

- ◆ jedoch ist es zur Vorschau gut, die Masken und Objekte unsichtbar einzustellen. Danach am besten gleich wieder sichtbar machen.

| Masken sichtbar oder unsichtbar. | | Objekte sichtbar oder unsichtbar. |

13.8 Masken löschen

Aufwendige Masken sollten zwischendurch gespeichert werden, z.B. als Surfer1, Surfer2 usw. Wie können solche nicht mehr benötigte Masken gelöscht werden?

Auf dem **Datenträger** gespeicherte Masken sind ganz normale Dateien und können ebenso gelöscht werden, nicht jedoch als **Kanal** gespeicherte.

- ➤ Speichern Sie die Delphinmaske noch einmal als Kanal und öffnen Sie das Andock-Fenster mit **Fenster-Andock Fenster-Kanäle**.

Jeder Computerbildschirm setzt das Bild aus den drei Grundfarben rot, grün und blau (RGB) zusammen, weshalb Sie hier neben allen Farben (RGB) drei Kanäle für die roten, grünen und blauen Farbanteile finden und Ihre Maske.

- ➤ Klicken Sie die Maske an.

An dem Auge können Kanäle aus- oder eingeblendet werden. Der aktive Kanal wird rot markiert und kann nicht ausgeblendet werden.

RGB für alle drei Grundfarben, danach einzeln separiert als Farbkanäle: rot, grün und blau. Ein Klick auf das Auge vor dem grünen Kanal schaltet also die grünen Farbanteile ab.

Die aktuell vorhandene Maske. Zusätzlich wurde die Maske als Kanal „delphinmaske" gespeichert.

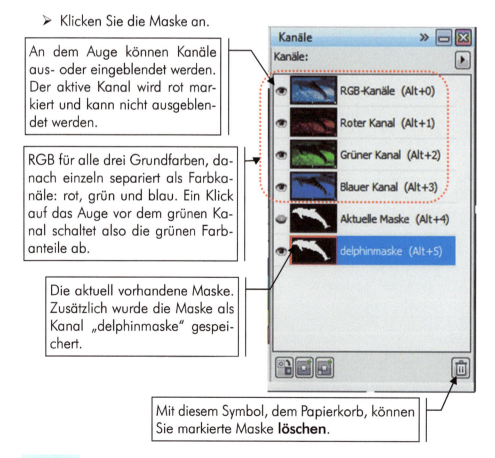

Mit diesem Symbol, dem Papierkorb, können Sie markierte Maske **löschen**.

14. Masken und Text

Mit Masken lassen sich nicht nur Objekte aus einem Bild in ein anderes kopieren, sondern auch Spezialeffekte erzielen.

Das Prinzip:

♦ Wenn **Masken** vorhanden sind, wirken sich Effekte nur auf diese maskierten Bildteile aus!

♦ **Text** ist zunächst ein **Objekt**. Wir können jedoch Objekte in Masken umwandeln und umgekehrt.

    ↳ Folglich kann aus Text eine Maske mit der Form des Textes erstellt werden, um damit nur den Hintergrund zu verändern, z.B. heller einzustellen.

    ↳ Es ist auch möglich, diese Maske umzukehren, so dass der Rest des Bildes markiert ist.

14.1 Text positionieren

➢ Öffnen Sie das Foto: **Architect\PH00299**.

➢ Schreiben Sie den Text: **Sprach-** und **Reisen** separat. Von vornherein eine dicke Schrift wählen und riesengroß auf ca. 200 pt einstellen.

cpt

➢ Schon einmal unter einem anderen Namen **speichern**, damit Sie bei Missgeschicken den Text nicht immer neu schreiben müssen.

    ↳ Im **Photo-Paint-Format cpt** speichern, weil nur dann die Masken gespeichert werden!

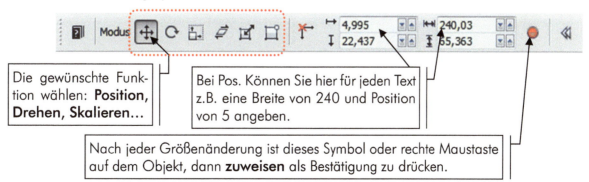

Die gewünschte Funktion wählen: **Position, Drehen, Skalieren...**

Bei Pos. Können Sie hier für jeden Text z.B. eine Breite von 240 und Position von 5 angeben.

Nach jeder Größenänderung ist dieses Symbol oder rechte Maustaste auf dem Objekt, dann **zuweisen** als Bestätigung zu drücken.

➢ Bei dem Befehl **Objekt-Anordnen-Ausrichten und verteilen** können Sie Elemente **zentrieren** – horizontal, vertikal oder in beiden Achsen.

14.2 Maske in Textform erstellen

Wir haben jetzt das Bild und davor den Text.

> Beide Texte bei gedrückter [Umschalt]-Taste markieren, dann **Maske-Erstellen-Maske aus Objekt** wählen (oder [Strg]-M).

Damit wird eine Maske mit der Form des Textes erstellt. Den eigentlichen Text können wir daher nun **löschen**.

> Wenn Sie den Text etwas verschieben, sehen Sie die Maske dahinter. Mit [Entf] beide Texte löschen.

> Diese Maske für spätere Verwendung auf dem **Datenträger speichern**.

Warum Maske speichern?

Der Vorteil dieser Methode ist, dass wir eine universell verwendbare Maske haben. Mit dieser Maske können wir nun beliebige Effekte ausprobieren oder den Text in ein neues Bild kopieren.

Wir können jederzeit neu anfangen, indem wir das Foto neu laden und dann die Maske. Da die Maske gespeichert ist, können wir experimentieren.

Probieren Sie z.B. folgendes:

Effekte gelten nur für aktive Masken!

> Wenden Sie an: **Effekte-3D Effekte-Der Boss**, dabei den Wert für die Höhe und Breite stark erhöhen.

> Jetzt noch probieren: **Effekte-Farbänderung-Psychedelich**.

Der Boss-Effekt erzeugt den räumlichen Schatten, psychedelisch verändert die Farben des Originalbildes, so das der Text nun deutlich auffällt, ohne das Bild total zu überdecken:

14.2.1 Relief

Gerade haben wir mit der Maske experimentiert. Mit der Maske können wir auch den Hintergrund in Form des Textes ausschneiden.

> ➤ **Kopieren** drücken und mit **Datei-Neu aus Zwischenablage** in ein neues Bild einfügen.

> ➤ Text (dieser ist jetzt ein Objekt) vorübergehend ausschneiden, **Hintergrund** mit einem passenden Muster füllen, danach Text neu einfügen.

> ➤ **3D-Effekt Relief** anwenden und Schatten ergänzen (hier „kleines Leuchten" mit Schattenfarbe gelb).

14.3 Ein Füllmuster erstellen

Eine andere schöne Variation ist es, ein Füllmuster aus dem aktuellen Bild zu erstellen.

> ➤ Alle Bilder schließen, dann das ursprüngliche Foto erneut öffnen.

Damit wir das Foto als Hintergrund-Füllung optimal verwenden können, werden wir dieses zunächst verkleinern. Die Füllung soll schließlich aus mehreren kleinen Bildern gekachelt werden, verwendbar z.B. als Hintergrund für Internet-Seiten.

> ➤ Wählen Sie: **Bild-Bild neu aufbauen**.

Mit diesem Befehl kann die Bildgröße reduziert werden:

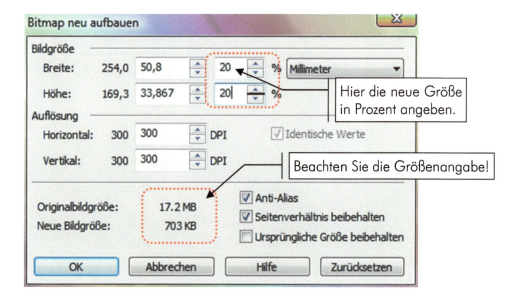

Jetzt können wir das verkleinerte Bild unter anderem Namen zur Verwendung als Füllmuster **speichern**:

> **Datei-Speichern unter** und in Ihren Übungsordner speichern, Dateiname z.B. "Hintergrund Tower Bridge".

> ⮑ Dieses neue Bild können wir jederzeit als Füllmuster laden.

> ⮑ Sie können auch im **jpg**-Format speichern.

Neues Bild für die Füllung:

> Ein neues Bild mit 1280x1024 Pixel im Querformat öffnen,

> Den Fülleimer wählen und in der Eigenschaftsleiste zu **Bitmap-Füllung** wechseln,

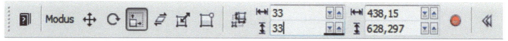

- Symbol **Bearbeiten**,
- dann **laden**,
- unser gerade gespeichertes Füllungsbild wählen und anschließend mit dem **Farbeimer** ausgießen.
- Rückgängig, die **Kachelgröße** etwas kleiner einstellen, z.B. auf 260x260 und erneut ausgießen.

Bild mit Effekten fertig stellen:

> Anschließend den Text oder den **Maskeninhalt** aus dem vorigen Bild kopieren und hier einfügen und mit einem Schatten verschönern.

> ⮑ Wenn dieses zu groß sein sollte, in der Eigenschaftsleiste mit Skalieren passen verkleinern.

◆ Wenn Sie den Maskeninhalt kopieren und in dem neuen Bild einfügen, haben Sie ein Objekt, dass Sie mit dem Befehl **Maske-Aus Objekt erstellen** in eine Maske zurückverwandeln können.

> Dann geht wieder der 3D-Effekt „**Der Boss**". Abschließend Bild-Anpassen-**Helligkeit**, Kontrast und Intensität, dort heller einstellen.

14.4 Die PHOTO-PAINT-Objekte

Viele Objekte (freigestellte Menschen, Tiere oder Gegenstände) sind fertig auf den Corel-CD's gespeichert, die in neue Bilder eingefügt werden können. Diese sollten Sie sich folglich einmal anschauen, da Sie sich immerhin viel Arbeit sparen können, wenn Sie ein fertiges Objekt verwenden können, anstatt selbst eines aus einem Foto herauszuschneiden.

- ♦ Sie finden die Objekte auf der DVD in dem Ordner Extras\Content**Objects**.
  - ✎ Da inzwischen sehr viele Objekte zur Verfügung stehen, sind diese wie die Fotos in weitere Unterordner einsortiert.

- ♦ Jedes dieser Objekte können Sie direkt in eine Zeichnung einfügen, ohne dass der Objekt-Hintergrund sichtbar wird.
  - ✎ Zum Einfügen einfach aus dem Skizzenbuch auf das aktuelle Bild ziehen.

- ♦ Wenn Sie die Objekte in anderen Programmen verwenden wollen, ist wieder mit einer Farbmaske der Hintergrund auszublenden.

Auch dieses Bild finden Sie auf der dritten CD im Ordner Objects\Transpor.

Sie sollten selbst erstellte Objekte oder die Ursprungsbilder mit den Masken speichern, so dass Sie sich mit der Zeit eigene **Objektsammlungen** anlegen, am besten in einen Ordner Objekte mit passenden Unterordnern.

Wenn Sie alle Objekte mit der Zeichnung

zusammenführen, wird die Datei zwar wesentlich kleiner, dafür können die Objekte nicht mehr bearbeitet werden.

Die PHOTO-PAINT-Effekte werden im nächsten Kapitel vorgestellt. Zunächst schauen wir uns noch die Möglichkeiten an, Bilder zusammenzusetzen. Dabei kommen wir auch zu dem sehr schönen **Transparenzeffekt**.

Notizen: ....

....

....

15. Bilder überlagern

Jetzt werden wir zwei oder mehrere Bilder in eines setzen und mit verschiedenen Methoden überlagern, z.B. durch Transparenz, so dass das eine Bild z.B. links oben sichtbar ist und allmählich nach rechts unten das andere Bild erscheint.

Natürlich könnten Sie Bilder auch in Handarbeit zusammensetzen, indem Sie diese in ein größeres Bild einfügen und passend anordnen. Dann ist der Befehl **Bild-Seitengröße** und Bild-Beschneiden-Randfarbe… interessant.

15.1 Bilder zusammenfassen

➢ Öffnen Sie **zwei** oder mehrere **Fotos**, z.B. aus dem Ordner Animals, dann den Befehl **Bild-Zusammenfügen**. Es bietet sich an, Bilder mit der gleichen Ausrichtung zu wählen (Hoch- oder Querformat).

🖑 Wenn Sie ein Foto auf ein bereits geöffnetes ziehen, wird dieses ein Objekt in diesem Foto. Das wollen wir jetzt nicht! Darum beide als neue Fotos öffnen, also in den freien Arbeitsbereich ziehen.

Mit diesem Befehl können mehrere Bilder zusammengefasst werden. Optimale Ergebnisse sind jedoch nur bei gleich großen Bildern zu erwarten.

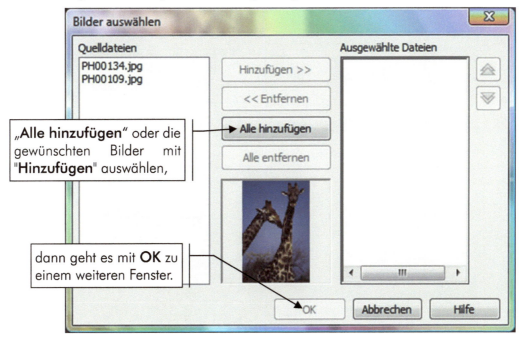

Hier kann die Überlappung eingestellt werden:

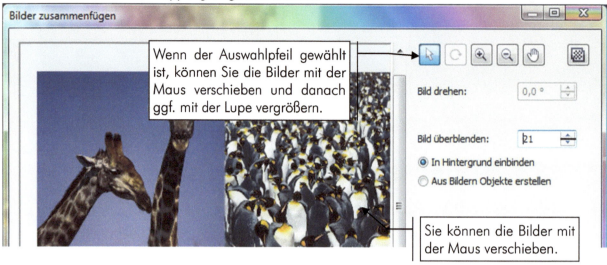

15.2 Bilder zusammensetzen

Individuellere Einstellmöglichkeiten haben Sie, wenn Sie den Vorgang von Hand und nicht mit dem vorigen Befehl durchführen. Das probieren wir jetzt.

Mehrere Methoden sind möglich:

♦ Mit **Bild-Seitengröße** kann ein Bild verkleinert oder vergrößert werden. Damit könnten Sie z.B. wie oben die Höhe verdoppeln und in den neu gewonnenen Platz das andere Bild setzen.

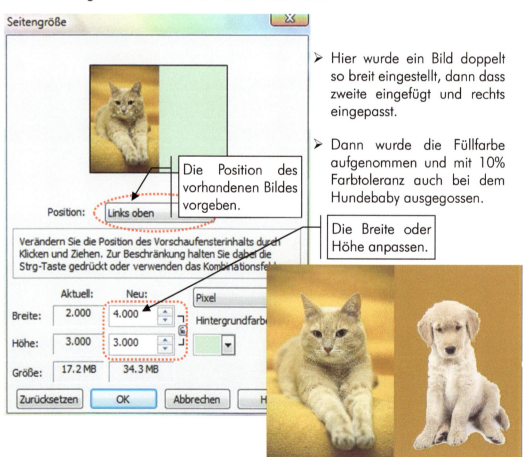

➢ Hier wurde ein Bild doppelt so breit eingestellt, dann dass zweite eingefügt und rechts eingepasst.

➢ Dann wurde die Füllfarbe aufgenommen und mit 10% Farbtoleranz auch bei dem Hundebaby ausgegossen.

♦ Sie können mit **Rechteckmasken** aus jedem Bild einen Teil kopieren und in ein anderes, neues Bild einfügen.

Nützliche Befehle:

➤ **Informationen** zu dem Bild erhalten Sie, wenn Sie die rechte Maustaste auf einem Bild drücken und dann „Dokumenteigenschaften" wählen.

➤ Mit dem links abg. Symbol können Bilder auch **zugeschnitten** werden. Rahmen ziehen, in der Größe anpassen und mit Doppelklicken abschließen, dann mit Datei-Speichern unter als neues Bild speichern.

15.3 Transparenz

Mit der **Transparenz** können Bilder ineinander übergehen.

➤ Öffnen Sie ein neues Foto und ziehen Sie ein weiteres aus dem Skizzenbuch in das gerade geöffnete Bild, so dass dieses als Objekt darübergelegt wird.

   ☞ Ggf. die **Größe anpassen** und verschieben.

Damit haben wir **zwei Fotos** übereinander, z.B. Animals\PH00177, dann darauf PH00186, so dass wir eine Transparenz vorgeben können.

➤ Wählen Sie das **Transparenzwerkzeug** und ziehen Sie in der Mitte des Bildes einen Pfeil, der den Bereich des Übergangs vorgibt.

➤ Anschließend können Sie diesen **Transparenzpfeil** mit der Maus beliebig verschieben.

Über den Transparenzpfeil:

♦ Am **Anfang** beginnt das obere Bild, transparent zu werden,
♦ in der Mitte (auch das lässt sich mit dem **Schieber** in der Mitte einstellen) ist es halb durchsichtig und
♦ am **Ende** des Transparenzpfeils ist nur noch das untere Bild zu sehen.

Hier zur Interaktiven Objekttransparenz umschalten.

Wenn die Transparenz einmal zugewiesen ist, können Sie diese in der Eigenschaftsleiste einstellen. Am besten probieren Sie die Optionen selbst aus.

Die Durchlässigkeit einstellen.

Hier zu diversen **Transparenz-Typen** umschalten. In PHOTO-PAINT X4 ist nach jeder Änderung ein neuer Transparenzpfeil zu ziehen

Elliptische Transparenz:

Jede Transparenzart kann an den Anfassern eingestellt werden (gedreht, Größe des Bereichs, Übergang).

Weiteres über die Transparenz:

♦ Wenn Sie keinen Transparenzpfeil ziehen, sondern nur **klicken**, wird ab diesem Punkt das Objekt ohne Übergang ausgeblendet.

♦ Mit dem Typ "**Keine**" können Sie die Transparenz wieder entfernen, sofern das richtige Objekt markiert ist.

♦ Wenn eine **Maske** vorhanden ist, wird die Transparenz nur auf diesen maskierten Bereich angewendet.

♦ Transparente Randbereiche können Sie auch mit dem Befehl **Objekt-Verlauf** erzielen.

15.4 Der Zusammenführungsmodus

Das ist eine weitere, sehr interessante Möglichkeit, Bilder zu überlagern.

Hier können bestimmte Varianten gewählt werden, wie die Farben der beiden Bilder gemischt werden. So entstehen interessante Effekte.

> Auf dem Bild rechte Maustaste drücken, dann **Objekteigenschaften** wählen.

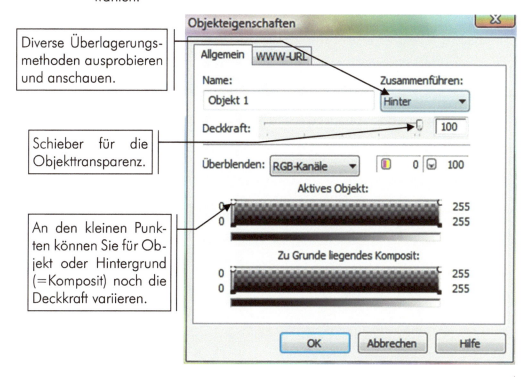

Diverse Überlagerungs-methoden ausprobieren und anschauen.

Schieber für die Objekttransparenz.

An den kleinen Punkten können Sie für Objekt oder Hintergrund (=Komposit) noch die Deckkraft variieren.

Mit der "Hinter" entsteht z.B. folgendes:

Dritter Teil

Effekte

im
PHOTO-PAINT

 Beachten Sie, dass **Masken** auch genutzt werden können, um nur Teile des Bildes mit Effekten zu verändern:

Bildeffekte gelten nur für maskierte Bereiche, sofern **Masken** vorhanden sind.

Wenn Sie **Effekte** auf das ganze Bild anwenden, aber eine **Maske** erhalten wollen, ist die einfachste Methode, die Maske als Kanal zu speichern. Dann können Sie die Maske vorübergehend entfernen.

Genauso verfahren Sie bei **Objekten**. Objekte separat speichern, dann ggf. in dem aktuellen Bild löschen. Eine Alternative bietet das Rollup Objekte bzw. Masken, in welchen Sie Objekte, bzw. Masken vorübergehend ausblenden können.

Hinweis zu den Abbildungen:

Bei fast jedem Effekt gibt es noch zahlreiche Einstellungen und Variationen. Für die Abbildungen wurden meist Einstellungen gewählt, bei denen die Wirkung des Effektes besonders deutlich zutage tritt. Wenn Sie den gleichen Effekt anwenden, kann es daher sein, dass zunächst keine oder nur eine geringe Wirkung erkennbar ist. Experimentieren Sie dann mit den Schiebern und Einstellungen.

16. Bilder verändern

Ein weiteres, wichtiges Einsatzgebiet von PHOTO-PAINT besteht darin, Bilder zu verändern, z.B. Bildränder abzuschneiden oder ein Bild zu verkleinern, um Speicherplatz zu sparen.

- ◆ **Gescannte Bilder** müssen meistens nachbearbeitet werden:
  - ✏ überflüssige Ränder wegschneiden, Rauschen entfernen (z.B. die Druckpunkte einer Tageszeitung), Helligkeit korrigieren …

- ◆ Bilder **künstlerisch** umformen, z.B. Weichzeichnen wie gemalt, Fischauge, Farben invertieren usw. folgt im Kapitel 18 bei den Effekten.

PHOTO-PAINT bietet überaus zahlreiche Werkzeuge für derartige Zwecke, deren Bedienung zum Glück sehr einfach ist und immer nach dem gleichen Schema geschieht.

Wir beginnen mit den Funktionen, die in der Praxis am häufigsten benötigt werden und die Sie unbedingt kennen sollten.

16.1 Bild - Bild neu aufbauen

Mit dieser Funktion können Sie die **Größe der Bilddatei** reduzieren.

- ◆ **Vergrößern** ist auch möglich, jedoch nicht sinnvoll, weil z.B. bei vierfacher Vergrößerung statt einem vier **gleiche** Pixel vorhanden wären.
  - ✏ Die Genauigkeit wird folglich nicht verbessert, nur der Speicherbedarf würde bei einer Bildvergrößerung zunehmen.

Auflösung oder Bildgröße:

- ◆ Es führt zu dem gleichen Ergebnis, ob Sie die **Auflösung** reduzieren oder die **Bildgröße**.
  - ✏ Die Größe in cm interessiert bei einem Foto wenig, da bei dem Ausdruck beliebig skaliert werden kann.
  - ✏ Wichtig ist nur die Anzahl der **Pixel**, da hierdurch die tatsächliche Qualität festgelegt ist und damit auch, wie groß das Bild gedruckt werden kann, ohne dass die Pixel oder Treppenstufen erkennbar werden.

16.1.1 Übung Bild verkleinern

Ein Bild soll über das Internet verschickt werden:

> ➤ **Öffnen** Sie ein beliebiges Foto von der Corel-DVD.

> ➤ Wählen Sie: **Bild-Bild neu aufbauen** und reduzieren Sie die Bildgröße auf 1/4 (=25% eintragen).

Eine Übung mit Abbildung finden Sie auf Seite 89, eine andere Möglichkeit, nur die Bildränder wegzuschneiden, wurde auf Seite 81 beschrieben.

Allerdings lassen sich Bilder nicht beliebig verkleinern:

> ➤ Bestätigen Sie die obigen Einstellungen mit **OK** und begutachten Sie das neue Bild – reicht die Qualität noch aus?

> ➤ Wenn ja, dann noch einmal auf 33% verkleinern und wieder anschauen (vergrößern!), danach Rückgängig machen.

16.1.2 Komprimieren mit dem jpg-Format

*Speicherplatz sparen geht am besten mit dem **jpg**-Dateiformat:*

> jpg

♦ Falls Sie ein zu großes Bild z.B. auf **Diskette** transportieren oder im Internet verwenden wollen,

    ↪ **Datei-Speichern unter** wählen und als **Dateityp jpg** angeben. Die Qualitätsabfrage einfach bestätigen.

    ↪ **Hohe Qualität** komprimiert ohne Qualitätsverlust um das 10-fache, bei niedriger Qualität wird das Bild deutlich schlechter.

♦ Bilder für das **Internet** sollten unter 250 KB klein sein. Hierfür ist meistens zuerst die Bildgröße zu reduzieren (Bild-Bild neu aufbauen) und anschließend das Bild als jpg zu speichern, wobei der Komprimierungsgrad entsprechend hoch eingestellt wird.

> ➤ Speichern Sie jeweils unter anderem Namen als **cpt-** und **jpg-Datei** und schauen Sie nach, wie groß die Dateien geworden sind (im Windows Explorer mit der Ansicht Details oder im Photo-Paint öffnen).

> Das geht nur, wenn keine Objekte oder Masken vorhanden sind, ggf. Masken löschen, Objekte kombinieren

16.1.3 Einsatz beim Scannen

*Diese Funktion wird sehr häufig beim **Scannen** benötigt:*

Wird mit zu hoher Genauigkeit gescannt, kann die Bildqualität mit dem Effekt **Rauschen entfernen** verbessert werden. Erst danach wird das Bild auf eine geeignete Dateigröße mit der Funktion **Bild neu aufbauen** reduziert.

> Scannen

♦ Dabei schrittweise vorgehen:

    ↪ Bild verkleinern und per Ausdruck die Qualität begutachten,

    ↪ erst speichern, wenn die Abstimmung zwischen **Dateigröße** und **Bildschärfe** für Ihren Verwendungszweck optimal ist.

16.2 Die Seitengröße

Gerade beim Scannen wird ein zu großer Bereich eingelesen. Diese Ränder können hiermit abgeschnitten werden:

➢ Ein neues Foto öffnen und mit **Bild-Seitengröße** einen Rand verkleinern, hier wurde z.B. der linke Elefant ausgeblendet.

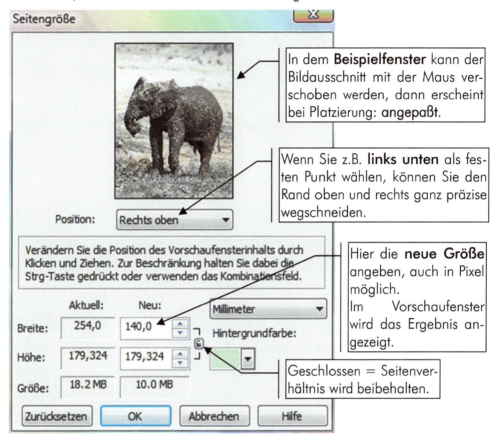

In dem **Beispielfenster** kann der Bildausschnitt mit der Maus verschoben werden, dann erscheint bei Platzierung: **angepaßt**.

Wenn Sie z.B. **links unten** als festen Punkt wählen, können Sie den Rand oben und rechts ganz präzise wegschneiden.

Hier die **neue Größe** angeben, auch in Pixel möglich.
Im Vorschaufenster wird das Ergebnis angezeigt.

Geschlossen = Seitenverhältnis wird beibehalten.

◆ Eine ähnliche Wirkung erreichen Sie mit dem **Schneidewerkzeug**, welches auf Seite 81 vorgestellt wurde.

16.3 Weitere Bild-Optionen

◆ **Bild**: hier können Sie das Farbformat ändern, z.B. ein Bild in Schwarzweiß umwandeln oder die Anzahl der Farben ändern.

> **Farb-format**

    ✎ Das aktuelle Farbformat ist hellgrau markiert und kann nicht gewählt werden.

◆ **Bild-Wenden oder Drehen**: Sollten Sie schief gescannt haben, können Sie bei **Bild drehen-Drehung einstellen** die Lage korrigieren oder gleich mit den Voreinstellungen um jeweils 90° drehen.

    ✎ Auch bei **Objekt** finden Sie den Befehl Wenden sowie Drehen für Objekte, die natürlich auch mit der Maus gedreht werden können.

◆ **Rechte Maustaste** auf dem Bild, dann **Dokumenteigenschaften** wählen: Hier werden die Bilddaten angezeigt, z.B. die Auflösung und Bildgröße.

17. Bilder korrigieren

Oft stimmt die Helligkeit nicht oder die Farben eines Fotos sollen anders eingestellt werden.

♦ Bei **Anpassen** können Sie Bilder anpassen (Helligkeit, Kontrast Farbwerte verschieben, Gamma usw.).

♦ Die Befehle, um Bilder zu manipulieren, finden Sie bei **Effekte** einsortiert (Relief, Vignette, Invertieren usw.).

17.1 Das Effekt-Menü

Ein Fenster, das sich fast von selbst erklärt. Am Beispiel des Fensters Anpassen-Helligkeit/Kontrast/Intensität.

[Strg]-B

➢ Probieren Sie **Anpassen-Helligkeit/Kontrast/Intensität** mit unterschiedlichen Einstellungen.

Mit diesen unscheinbaren Schaltflächen können Sie umschalten, ob die **Vorschau** beim Originalbild oder wie abgebildet im Effekt-Fenster angezeigt werden soll.

Mit diesem kleinen Pfeil kann zu einem **anderen Effekt** gewechselt werden.

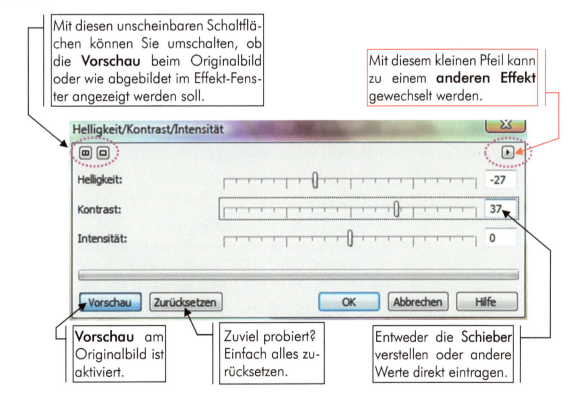

Vorschau am Originalbild ist aktiviert.

Zuviel probiert? Einfach alles zurücksetzen.

Entweder die **Schieber** verstellen oder andere Werte direkt eintragen.

Dieses Menü ist bei jedem Effekt gleich aufgebaut. Damit ist eigentlich alles gesagt und Sie können mit der Vorschau alle Effekte selbst erkunden. Im Folgenden werden deshalb nur besonders wichtige Effekte herausgehoben und Übersichtsbilder sollen helfen, damit Sie einen Überblick bekommen.

♦ Mit **OK** wird die Einstellung zugewiesen, sonst Abbrechen oder mit dem kleinen **Pfeil** zu einem anderen **Effekt** wechseln.

♦ Ein ähnliches Fenster existiert noch für **Farbton/Sättigung/Helligkeit**, bei **Farbausgleich** können Sie Farbwerte verschieben, z.B. mehr rot.

17.2 Nützliches zu den Effekten

♦ Den zuletzt ausgeführten Effekt können Sie mit **[Strg]-F** oder bei **Effekte-Wiederholen** ganz oben im Abrollmenü erneut ausführen.

    ✍ Dort im Menü **Effekte-Wiederholen** finden Sie auch einen Befehl, um den zuletzt verwendeten Effekt auf alle sichtbaren oder ausgewählten **Objekte** anzuwenden.

17.3 Anpassen

Bei Anpassen können Sie vornehmlich die Farben ändern. Ein Überblick:

Farbbalance - Bildfarben ausgleichen (hier gelb verstärkt)	**Farben ersetzen** (mit Pipette aufnehmen, hier grün durch rosa)	**Sättigung reduzieren** (macht fast ein schwarz-weiß-Bild)

Die letzten beiden Effekte **Farbton** und **Ton** bei Anpassen haben den Vorteil, dass hier mehrere Vorschaufenster die Einstellungen erleichtern.

Farbton (gelb verstärkt)	**Ton**	**Kanalmischer**
	hier kann Helligkeit, Sättigung und Kontrast variiert werden.	Die Grundfarben des Farbmodels können eingestellt werden, z.B. rot, grün und blau für das Farbmodell RGB.

♦ **Gamma:** hiermit können Sie den Farbton „Weiß" variieren, von warmen, bläulichen zu kaltem, rötlichem Weiß.

17.3.1 Die Tonkurve

♦ ist ein Geheimtipp, um Bilder heller einzustellen. Denn bei der Helligkeit wird das ganze Bild heller,

    ↳ die unten ausgewählte **Graduationskurve heller** läßt dagegen die ganz dunklen und hellen Farben weitgehend unverändert, nur die mittleren Töne werden erhellt.

[Strg]-T

➢ Öffnen Sie ein neues Foto und wählen Sie: **Anpassen-Tonkurve**.

➢ Entweder von Hand einstellen, indem Sie die Tonkurve mit der Maus verschieben, oder die **Autom. Tonbalance** verwenden oder eine Voreinstellung laden. Probieren Sie lighten, shadow und solarize.

> Auf dem Bildschirm werden alle Farben aus den drei Kanälen (=Farben) **rot, grün** und **blau** (RGB) gemischt. Darum kann hier umgeschaltet werden, um nur eine dieser Farben anzupassen.

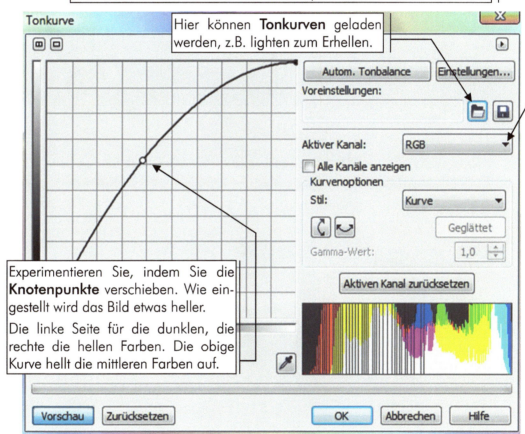

Hier können **Tonkurven** geladen werden, z.B. lighten zum Erhellen.

Experimentieren Sie, indem Sie die **Knotenpunkte** verschieben. Wie eingestellt wird das Bild etwas heller.

Die linke Seite für die dunklen, die rechte die hellen Farben. Die obige Kurve hellt die mittleren Farben auf.

Noch eine kleine Auswahl der anderen Tonkurven:

solarisiert (solarize)   invertiert (inverse)   frei eingestellt

Weitere Tonkurven:

♦ **Gamma** ändert weiß von warmen, rötlichen weiß zu kaltem, bläulichen weiß. Auch sehr gut geeignet, um die Helligkeit zu variieren.

    ↳ Sie können die Tonkurven posgamma und neggamma laden oder die direkte Funktion **Anpassen-Gamma**.

♦ Bei Anpassen-**Beispiel/Zielausgleich** können Farbtöne durch andere ersetzt werden.

♦ Sehr interessant ist die Funktion **Lokaler Ausgleich** – ölbildähnliche Gemälde entstehen aus einigen Fotos.

17.3.2 Weitere Effekte bei Anpassen

Lokaler Ausgleich	Beispiel-Ziel-Ausgleich	Kanalmischer

Der Kontrast wird für helle und dunkle Partien verstärkt.	Farben können ersetzt werden.	Jede Grundfarbe kann verändert werden.

17.4 Bild-Ändern

Halbbild entfernen	Invertieren (Schwarz wird weiß, weiß wird Schwarz)
Jede zweite Zeile wird gelöscht (Zum Ausprobieren: vergrößern Sie anschließend ein Detail und wählen Sie danach Rückgängig).	
Abstufen (Farben werden reduziert)	*Grenzwert (zu weiß oder schwarz abstufen)*

18. Die Effekte

Diese sehr zahlreichen Effekte werden im Folgenden mit Beispielbildern abgebildet, weil Sie daran sofort die Wirkung erkennen. Die Anwendung ist, wie Sie inzwischen wissen, ein Kinderspiel.

18.1 Die 3D-Effekte

Bei den Effekten **Boss**, Glas und dem **Abschrägungseffekt** muss vorher eine Maske erstellt werden. Um diese Maske wird bei **Boss** ein Sichtfenster gelegt, bei Glas wird eine getönte Scheibe eingefügt.

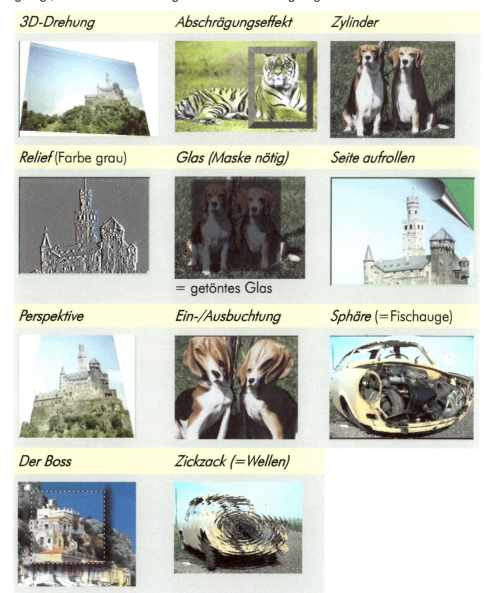

3D-Drehung   *Abschrägungseffekt*   *Zylinder*

Relief (Farbe grau)   *Glas (Maske nötig)*   *Seite aufrollen*

= getöntes Glas

Perspektive   *Ein-/Ausbuchtung*   *Sphäre* (=Fischauge)

Der Boss   *Zickzack* (=Wellen)

Zur Perspektive:

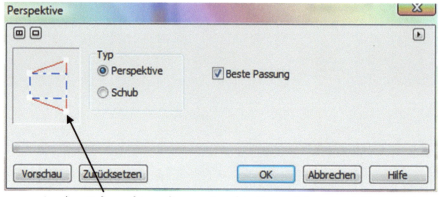

♦ An den **Eckpunkten** die gewünschte Perspektive durch Verschieben einstellen.

    ↳ Bei **Perspektive** kann das Bild an einer Seite kleiner oder größer eingestellt werden.

    ↳ Bei **Schub** zu einem Parallelogramm verschieben.

18.2 Künstlerische Striche

Mit diversen Stichmustern kann ein Bild übermalt werden. Damit kann der Eindruck erweckt werden, dass es sich um ein gemaltes Bild handeln würde, aber ein Bild kann auch bis zur Unkenntlichkeit verzerrt werden.

Zwei Hunde mit "Impressionismus":

Die anderen Optionen bitte selbst ausprobieren. Nur die Stiftformen ändern sich.

18.3 Unschärfe

Zu scharfe, z.B. sehr genau gescannte Bilder können etwas weicher eingestellt werden, wobei die Schärfe verlorengeht!

Bei „**Unschärfe abstimmen**" finden Sie ein Menü mit Vorschaubildern für die vier Effekte **Gauß**, **Glätten**, **Richtungsglätten** und **Weichzeichnen**. Bei **Richtungsglätten** werden Kanten etwas geglättet.

Gauß'sche Unschärfe	Verstreuung (verstreut die Punkte, unscharf)	Niedrigbandfilter (verwischt)

Bewegungs-unschärfe	Radiale Unschärfe (verwischt kreisförmig)	Glätten (Rauschen vermindert, aber unscharf)

Weichzeichnen (verschwommen)	Zoom (radikale Wirkung):	Intelligente Unsch. Details werden verwischt.

Bewegung ist ein sehr guter Effekt, den Sie ausprobieren und sich merken sollten. Ansonsten kann hier ein Bild unscharf gestellt werden, wobei die Effekte in der Wirkung sich sehr ähnlich sind.

18.4 Farbänderung

Bit-Ebenen (Farben reduzieren, 6 oder 7 wählen).	Halbton (Kreise mit ähnlicher Farbe).	Psychedelisch *mit* *65* (verrückte Farbänderung).	Solarisation *mit* *200* (ähnlich Psychedelisch).

♦ Das Hilfsmittel „**Rote Augen entfernen**" finden Sie nicht mehr hier, sondern als Symbol in der Hilfsmittelpalette. Dessen Anwendung ist ganz einfach: Symbol wählen und auf die Augen klicken.

18.5 Kontur

Hier können die Konturen herausgearbeitet werden.

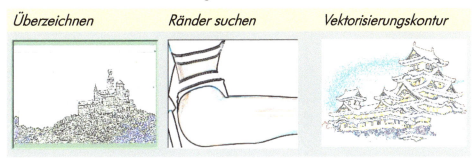

Überzeichnen	*Ränder suchen*	*Vektorisierungskontur*

18.6 Kreativ

Hier finden Sie schöne Effekte, um Bilder mehr oder weniger stark zu verfremden. Besonders ist Rahmen, Kinderspiel und Wetter mit den vielfältigen Einstellmöglichkeiten hervorzuheben.

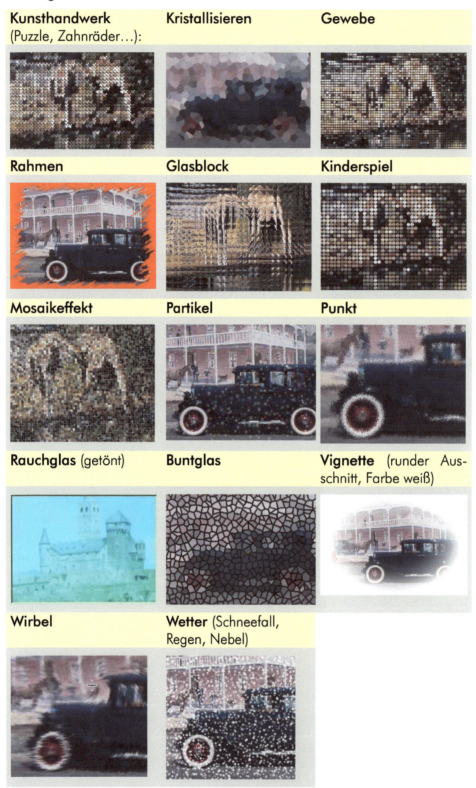

Kunsthandwerk (Puzzle, Zahnräder...):

Kristallisieren

Gewebe

Rahmen

Glasblock

Kinderspiel

Mosaikeffekt

Partikel

Punkt

Rauchglas (getönt)

Buntglas

Vignette (runder Ausschnitt, Farbe weiß)

Wirbel

Wetter (Schneefall, Regen, Nebel)

18.7 Angepasst

Alchemie legt Strukturen über das Bild, deren Farbe und Form gewählt werden kann, Bandfilter beseitigt die hellen Anteile, Relief-Map… erzeugt Relief-Strukturen und bei Angepasst können Sie Filter laden und modifizieren.

Alchemie	Bandfilter	Relief-Map…	Benutzerdefiniert
	Die hellen Farben werden ausgeblendet. Ergibt mit ca. 50% schöne Nachtaufnahmen		

18.8 Verzerren

Blöcke	Verschieben	Maschen verbiegen
Abstand	Mosaik	Kräuselung
Schub	Wirbel	Kacheln
Nasse Farbe	Strudel	Wind

18.9 Rauschen

Bei von schlechten Vorlagen gescannten Bildern stört das Rauschen.

> „Rauschen entfernen" vernichtet jedoch auch Bilddetails! Je mehr Sie das Rauschen entfernen, umso unschärfer wird das Bild!

Abhilfe:

♦ Bild mit sehr hoher Auflösung scannen, dann Rauschen entfernen, Bild verkleinern (bei Bild-Bild neu aufbauen).

Die zahlreichen Befehle bei **Rauschen** überschneiden sich mit denen bei **Unschärfe** bei weitgehend gleicher Wirkung.

➢ Am besten geeignet ist dieser Weg mit **Effekte-Rauschen-Rauschen entfernen**:

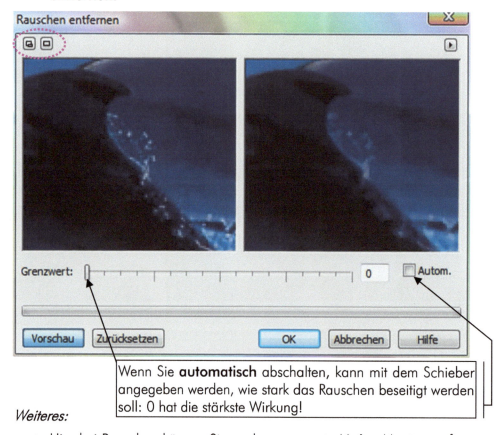

Wenn Sie **automatisch** abschalten, kann mit dem Schieber angegeben werden, wie stark das Rauschen beseitigt werden soll: 0 hat die stärkste Wirkung!

Weiteres:

♦ Hier bei Rauschen können Sie auch sogenannte **Moire-Muster** entfernen. Das sind wellenförmige Muster, die gelegentlich in gleichfarbigen Flächen entstehen. Meist sind diese Muster jedoch nur am Bildschirm vorhanden, daher vor dem Entfernen auch anhand eines Ausdrucks überprüfen.

Kleine Übung:

➢ Scannen Sie ein Bild aus einer Tageszeitung. Vergrößern Sie dieses Bild und beobachten Sie die Punkte, aus denen es sich zusammensetzt

➢ und entfernen Sie so gut wie möglich das **Rauschen**, dann Bild auf eine ausreichende Genauigkeit verkleinern.

18.10 Kamera

Der erste Effekt, Diffus, verwischt das Bild wie mit dem Rauschen.

Diffus	Linsenreflektion	Beleuchtungseff.	Spotfilter

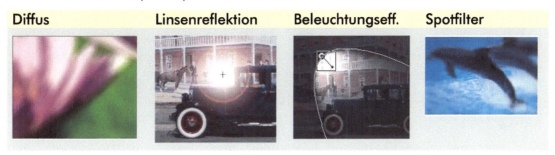

Mit Spotfilter ist das Bild nur in der Mitte scharf, außen verschwommen.

Zu den Beleuchtungseffekten:

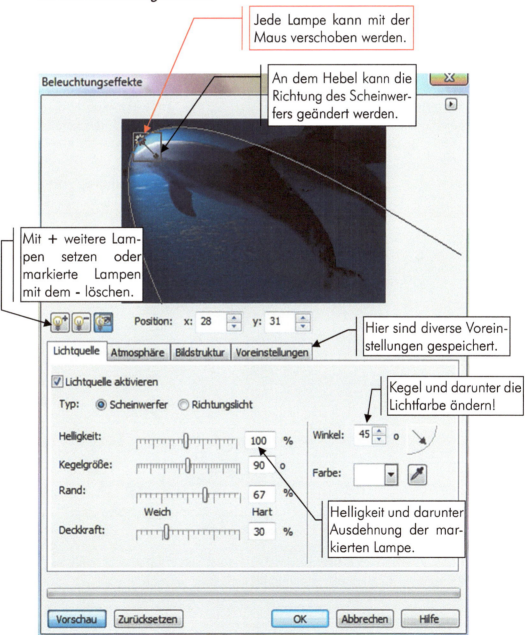

18.11 Schärfe

Bilder können nur in Grenzen „geschärft" werden.

> Ein tatsächlich unscharfes Bild lässt sich damit nicht verbessern, sondern es handelt sich eher um einen Effekt, der das Bild verändert. Je mehr geschärft wird, umso deutlicher treten die Kanten und Konturen hervor.

Bevor Sie ein Bild geschärft abspeichern, sollten Sie die Wirkung anhand eines guten Ausdrucks mit dem vorigen Zustand vergleichen, denn es liegt oft an der eingestellten Vergrößerung, ob ein Bild besser erscheint oder nicht.

♦ **Scharfes Bild**: die Pixel treten deutlich hervor.

♦ **Unscharfes Bild**: Das Rauschen ist zwar nicht deutlich, dafür verschwimmen die Details, z.B. die Augen.

In der Praxis ist mit diesen Funktionen selten eine Verbesserung zu erzielen.

♦ Bei **Bild-Korrektur-Schärfe Abstimmen** können die Werte für Unscharfmaske, Adaptive Unscharfmaske, Schärfe und Richtungsschärfe in einem Menü mit Vorschaubildern eingestellt werden. Doch die geringe Wirkung lässt sich anhand der kleinen Vorschaubilder schlecht erkennen.

Adaptive **Unscharfmaske**	**Richtungsschärfe** (verbessert detaillierte Bilder)	**Hochbandfilter** (entfernt helle Farben, wirkt wie ein Schleier)

Schärfe	**Unscharfmaske**

Die drei Effekte **Adaptive Unscharfmaske**, **Richtungsschärfe** und **Unscharfmaske** bewirken in der Praxis fast das gleiche.

Hier ist die **Richtungsschärfe** am empfehlenswertesten. Sehr feine, detaillierte Bilder wie diese Burg können geringfügig verbessert werden.

Notizen: ....

....

18.12 Füllmuster

Hier können diverse Muster, z.B. eine Ziegelmauer, über das Bild gelegt werden. Eine Auswahl:

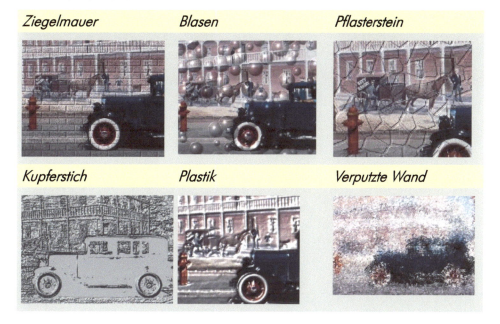

18.13 Zusammenfassung

Abschließend noch einmal wichtige Hinweise:

Maske

♦ ist eine **Maske** in der Zeichnung, so werden alle Effekte nur auf diese Maske angewendet! Mit einer Maske kann folglich nur ein bestimmter **Bildteil** mit dem Effekt bearbeitet werden!

♦ Beachten Sie die Möglichkeit in jedem Fenster, mit **Zurücksetzen** alle Einstellungen auf die anfänglichen **Standardwerte** zurückzustellen.

♦ Die Vorschau aus- und wieder einschalten, falls die Vorschau nicht klappt.

18.14 Zugekaufte Effekte

Diese sind von anderen Firmen entwickelt und am Ende der Effekte-Liste angeführt. Aus diesem Grund weicht die Bedienung und die Oberfläche stark von dem Gewohnten in Corel PHOTO-PAINT ab. Bei der ersten Ausgabe von Photo-Paint X4 ist nur ein weiterer Effekt enthalten, Digimarc.

18.14.1 Digimarc

Mit Digimarc (digitale Markierung) können Sie ein Wasserzeichen in Bilder einbetten oder vorhandene erkennen lassen. Wasserzeichen werden als Urhebernachweis z.B. bei Bildern, die im Internet veröffentlicht werden sollen, verwendet.

Bei „Embed Watermark" können Sie mit der Schaltfläche „Personalize" übers Internet ein eigenes Wasserzeichen anfordern.

19. Weitere Übungen

Das Handwerkszeug haben Sie bereits gelernt, so dass hier nur noch auf besonders schwierige Vorgänge aufmerksam gemacht wird.

19.1 Malen

Effekte: Nasse Farbe und Seite aufrollen
(vier Mal Seite aufrollen).

Grün gleich bei Datei-neu als Hintergrundfarbe.

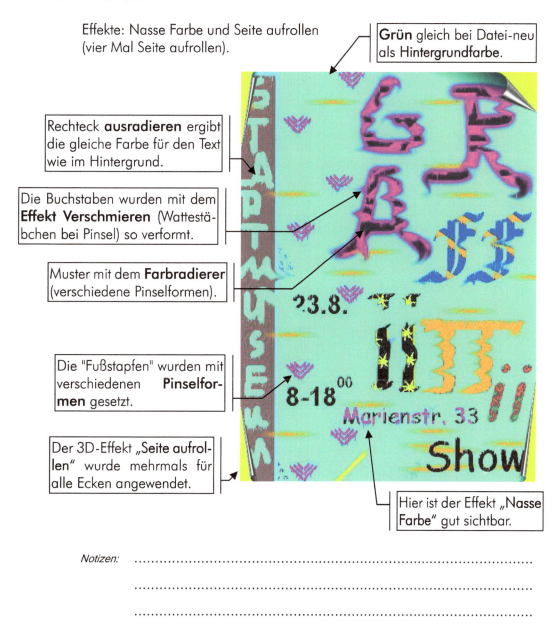

Rechteck **ausradieren** ergibt die gleiche Farbe für den Text wie im Hintergrund.

Die Buchstaben wurden mit dem **Effekt Verschmieren** (Wattestäbchen bei Pinsel) so verformt.

Muster mit dem **Farbradierer** (verschiedene Pinselformen).

Die "Fußstapfen" wurden mit verschiedenen **Pinselformen** gesetzt.

Der 3D-Effekt „Seite aufrollen" wurde mehrmals für alle Ecken angewendet.

Hier ist der Effekt „Nasse Farbe" gut sichtbar.

Notizen: ....

....

....

19.2 Klonen

ist eine Funktion, mit der auf eine ganz bestimmte Weise kopiert werden kann, sogar von einem Bild in ein anderes.

Öffnen Sie folgende Bilder separat:

> **Animals\PH00119** und **Architecture\PH00252**.

> Beide Fenster nebeneinander anordnen (z.B. **Fenster-Untereinander** oder mit der Maus) und mit **[F4]** in die Fenster einpassen.

Klonen:

> Klonen ist jetzt nicht mehr bei dem **Pinsel-Symbol** zu finden, sondern mit dem Effekt „Rote Augen entfernen" zusammengefasst.

In der Eigenschaftsleiste finden Sie die Optionen zu Klonen.

> Wählen Sie eine große Pinselgröße von ca. 200 mit weichem Rand.

Anfangspunkt und klonen:

> Jetzt den **Anfangspunkt** mitten auf dem Hundebaby.

> Das **andere Bild** mit der Golden Gate Bridge anklicken und Sie können dort das Hundebaby **nachzeichnen**.

> ✎ Der erste Klick wechselt nur das Bild, mit dem **zweiten Klicken** wird geklont. Maus nicht absetzen, da dies dann nur eine Aktion ist, die Sie jederzeit für neue Versuche **Rückgängig** machen können.

> ✎ Im Originalbild können Sie sich besser orientieren und das Hundebaby nachzeichnen.

> ✎ Um **erneut zu klonen**, kann mit der rechten Maustaste ein neuer Ausgangspunkt gesetzt werden oder **Rückgängig** und noch einmal ganz von vorne beginnen.

Mit solchen Bildern lassen sich Reisen sparen:

Um das Hundebaby herum das Bild noch einmal zeichnen (klonen).
Natürlich wird unvermeidbar immer etwas von dem Hintergrund mitgeklont.

Mit **dem Pinsel Effekt** lassen sich zu viel geklonte Bereiche von außen etwas wegwischen.

19.3 Farbmaske

Wir ergänzen im vorigen Bild noch ein Flugzeug oder einen Hubschrauber.

➤ Von der Corel-DVD das Flugzeugbild **Travel/PH00853** öffnen.

➤ Dann das Flugzeug maskieren. In diesem Fall geht dies mit dem Zauberstab relativ einfach. Zuerst den Himmel mit dem Zauberstab und + markieren, dann die Maske invertieren und mit dem Maskenpinsel korrigieren.

➤ Flugzeug kopieren, in der Bildmontage einfügen und passend verkleinern und anordnen.

➤ Auch das Bild mit den Ballonfliegern finden Sie im Ordner Travel und die Ballons lassen sich genauso mit dem Zauberstab maskieren.

Viel los im Luftraum:

Es gibt noch eine Möglichkeit, wenn Sie ein einmal erstelltes Objekt öfter benutzen wollen: bei **Datei-Speichern unter** „nur markierte Objekte" ankreuzen und somit das aktuelle Objekt als neues ClipArt abspeichern.

Notizen: ....

....

....

....

....

....

....

19.4 Bitmap-Füllung

In dieser Übung werden wir ein ClipArt-Bild vor eine Bitmap-Füllung setzen. Hierfür wäre CorelDRAW eigentlich besser geeignet, doch im PHOTO-PAINT können wir das Eis mit dem Wattestäbchen schön verschmieren.

Los geht's:

> ➢ Malen Sie das Eis: neues Bild 600x1000 Pixel, dann mit dem Pinsel die schwarzen Randlinien (ggf. Orbits und Farbvariationen abschalten), dann die Waffel mit dem Farbeimer füllen.

> ➢ Großen Pinsel ca. 120 und die Eiskugeln tupfen. Mit kleinerem Pinsel noch die Lücken füllen.

Die Füllung und der Text:

> ➢ mit dem **Farbeimer** die Füllung „Kirschen" zuweisen. Diese Bitmap-Füllung finden Sie bei der dritten Füllungsmethode.

> ➢ Unten ein gelbes Rechteck als Texthintergrund zeichnen, ggf. leicht transparent und **Text** wie abgebildet ergänzen.

> ➢ Dem Text noch einen Schatten ergänzen.

Das Eis zum Fließen bringen:

> ➢ Mit **Wattestäbchen** (Hilfsmittel „Effekt" bei Pinsel) nach unten verschmieren.

>> ↰ Zuerst müssen jedoch alle Objekte (Text und Schatten) mit dem Hintergrund zusammengeführt werden.

19.5 Transparenz

Noch eine erweiterte Übung zur Transparenz (vgl. Seite 71 und 95).

➤ Öffnen Sie ein Foto, z.B. **Architecture\PH00255** als Hintergrund, dann das Bild **Animals\PH00109** mit gedrückter Maustaste in dieses Foto ziehen.

Das können wir mit verschiedenen Transparenz-Effekten ändern:

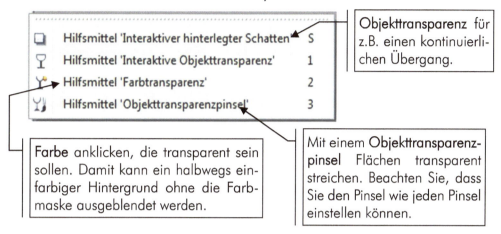

Hilfsmittel 'Interaktiver hinterlegter Schatten'	S
Hilfsmittel 'Interaktive Objekttransparenz'	1
Hilfsmittel 'Farbtransparenz'	2
Hilfsmittel 'Objekttransparenzpinsel'	3

Objekttransparenz für z.B. einen kontinuierlichen Übergang.

Farbe anklicken, die transparent sein sollen. Damit kann ein halbwegs einfarbiger Hintergrund ohne die Farbmaske ausgeblendet werden.

Mit einem **Objekttransparenzpinsel** Flächen transparent streichen. Beachten Sie, dass Sie den Pinsel wie jeden Pinsel einstellen können.

Farbtransparenz und Transparenzverlauf:

➤ Wählen Sie die **Objekttransparenz** und ziehen Sie einen Transparenzpfeil im Bild, diesen passend verschieben.

➤ Löschen Sie die Objekttransparenz (Rückgängig) und wählen Sie das nächste Werkzeug, die **Farbtransparenz**. Jetzt können Sie die Hintergrundfarben anklicken, die ausgeblendet werden sollen.

Mit den Objekteigenschaften (Bild ggf. neu einfügen):

➤ Probieren Sie auch folgendes: rechte Maustaste auf dem Bild, dann **Objekteigenschaften** und bei „Zusammenführen" andere Farbkombinationsmethoden wählen.

✎ Interessant ist bei diesen Bildern z.B. die Methode „**Hartes Licht**"

„Hartes Licht".

Mit der Farbtransparenz.

19.6 Bilder überlagern

Mit den Transparenzwerkzeugen lassen sich ganz hervorragende Effekte erzielen, so dass wir uns in der letzten Übung diese Möglichkeit noch einmal anschauen.

> ➤ Öffnen Sie das Foto: Architecture\PH00253, welches uns als Hintergrund dient.

> ➤ Dann das Foto **Water\PH00953** aus dem Windows Explorer in das bereits geöffnete Bild ziehen,

  - mit dem Befehl Objekt-Drehen um 90° drehen und in der Größe anpassen,
  - dann rechte Maustaste-**Objekteigenschaften** und beispielsweise den Zusammenführen-Effekt **Weiches Licht** anwenden, um den Hintergrund teilweise auszublenden.

Jetzt schwimmen die Fische anscheinend in der Luft.

> ➤ Jetzt noch ein drittes Bild, die Möwe **Animals\PH00141** einfügen.

  - Bei diesem Bild funktioniert das **Farbtransparenzwerkzeug** nicht optimal, um den Hintergrund auszublenden, da auch in der Möwe Pixel ausgeblendet werden.
  - Also ist eine Maske anzuwenden. Am einfachsten mit dem Zauberstab die Möwe maskieren und die fehlerhaften Stellen mit der Pinselmaske korrigieren.
  - Damit ist die Möwe maskiert, wir könnten noch den Zaun mitmaskieren und dann die Möwe kopieren, Foto löschen und nur die Möwe einfügen. Doch jetzt geht es auch einfacher mit der Farbtransparenz: Maske invertieren, damit ist alles maskiert außer der Möwe, so dass diese geschützt ist und mit der Farbtransparenz den Hintergrund ausblenden.
  - Abschließend noch die Möwe wenden.

Im Gegensatz zur Transparenz werden bei der **Farbmischung** (Zusammenführen bei den Objekteigenschaften) die Farben anders zusammen gemischt, so dass sehr unterschiedliche Effekte entstehen.

Wenn Sie sich für eine Einstellung entschieden haben und Speicherplatz sparen wollen, können Sie das neue Bild im **jpg**-Dateiformat speichern. Dabei müssen Sie jedoch die Objekte kombinieren, so dass eine spätere Änderung unmöglich wird.

19.7 Weitere Übungsvorschläge

Einige weitere Übungsanregungen für Sie:

- ◆ Scannen Sie aus Ihrer **Fernsehzeitung** einen Bildausschnitt von einem Film und schneiden Sie
  - ✎ mittels einer **Ellipsen-Maske** den Kopf eines Schauspielers/in heraus, um diesen in eine Programmvorschau einzufügen.
  - ✎ Das kleine Bild als **jpg-Datei** speichern und in ein anderes Programm einfügen.
  - ✎ Das geht im CorelDRAW mit **importieren** oder aus dem Windows Explorer das gespeicherte Foto in CorelDRAW ziehen, in MS Word mit **Einfügen-Grafik-Aus Datei**. Oder das Bild einfach aus dem Windows Explorer in das geöffnete Programm hinüberziehen.

Solch eine Vorschau erstellen Sie im CorelDRAW oder in einem Textprogramm, damit der Text jederzeit korrigiert und verändert werden kann.

- ◆ Scannen Sie ein altes **Familienfoto** und versuchen Sie, dieses zu verbessern.
  - ✎ Rauschen entfernen,
  - ✎ Helligkeit und Kontrast anpassen,
  - ✎ große Fehler (Staub, Kratzer) mit den Zeichenwerkzeugen bei starker Vergrößerung korrigieren,
  - ✎ evtl. Effekte-Kreativ-Vignette.

- ◆ Scannen Sie **Ihr Foto** und schneiden Sie sich als Objekt heraus.
  - ✎ Fügen Sie sich in eines der Corel-Fotos von der CD ein und drucken Sie das Ergebnis auf Glossy-Papier aus, dabei die Einstellungen des Druckers richtig vorgeben (Glossy, höchste Qualität).
  - ✎ Trimmen Sie dieses Foto auf alt, indem Sie es auf Graustufen reduzieren und einen Gelbstich sowie Staub und Kratzer ergänzen.

- ◆ Begutachten Sie **Werbeprospekte, Plakate und Verpackungen**.
  - ✎ Zeichnen Sie geeignete Prospekte nach.
  - ✎ Werbeprospekte sind von Grafikprofis. Anhand dieser Vorlagen können Sie Ihr Design nach und nach verbessern.

Notizen: ....
....
....
....
....
....
....
....

20. Anhang

Hier werden einige Optionen zusammengefasst, die nicht für alle PHOTO-PAINT-Benutzer interessant sind. Es geht um das Scannen, die PHOTO-PAINT-Einstellungen und weitere Funktionen für genaueres Malen: Lineale und Hilfslinien.

20.1 Scannen

Weil gescannte Bilder meistens nachbearbeitet werden müssen, an dieser Stelle eine kurze Anleitung über das Scannen in PHOTO-PAINT.

- ♦ Mit dem Befehl **Datei-Bild holen-Quelle wählen** kann ein Scanner ausgewählt werden.

- ♦ Mit **Datei-Bild holen-holen** wird das Scanprogramm gestartet.

Twain

Voraussetzung ist, dass ein Twain-kompatibler Scanner an Ihren PC angeschlossen ist. **Twain** ist ein Standard für Scanner: mit solchen Scannern kann in jedes Bildbearbeitungsprogramm, das ebenfalls den Twain-Standard unterstützt, gescannt werden. Damit sind Sie nicht mehr auf das dem Scanner beigegebene Bildbearbeitungsprogramm angewiesen.

20.1.1 Über Scanner

Wenn Sie noch keinen Scanner haben, hier ein paar Informationen:

- ♦ **Flachbettscanner** können eine ganze DIN A4-Seite scannen.
    - ↳ In einer **Scanvorschau** kann der zu scannende Bereich mit einer Rechteckmaske gewählt und die Auflösung eingestellt werden.
    - ↳ Der Scanner sollte eine physikalische Auflösung von mindestens **1200x600** Punkten besitzen.

- ♦ **Diascanner**: weil Dias viel kleiner als ein Photo sind, müssen Dia-Scanner mit viel höherer Auflösung scannen (>4.800 dpi).
    - ↳ Mit Durchlichtaufsätzen für herkömmliche Flachbettscanner sind meist keine optimalen Ergebnisse zu erzielen.

- ♦ **Einzugsscanner** sind mit einem automatischen Papiereinzug versehen, was für professionelles Arbeiten vor allem interessant ist, wenn viele Textseiten gescannt werden sollen.

20.1.2 Anschlusstypen für Scanner

♦ Die meisten Geräte haben heute einen **USB-Anschluß**. Als Vorteile können dünne Kabel, die bei laufendem Rechner an- oder abgesteckt werden, genannt werden. Mit USB 2.0 sind auch hohe Geschwindigkeiten erreichbar.

♦ Mit Netzwerkanschluss können diese direkt an einen Router angeschlossen werden und stehen allen PC im Netzwerk zur Verfügung.

♦ Praktisch sind die heutigen Multifunktionsdrucker, die auch einen Scanner integriert haben und damit auch als Kopierer genutzt werden können. Viele sind zusätzlich noch als Faxgerät verwendbar.

Preiswerte Geräte sind künstlich gebremst, da ab einer bestimmten Scangeschwindigkeit Gebühren an die VG Wort fällig sind.

20.1.3 Auflösung beim Scannen

Hauptsächlich entscheiden der Verwendungszweck und die Qualität des Originals über die **optimale Auflösung** beim Scannen.

♦ Scannen Sie ein gutes Foto mit z.B. 150, 300, 600, 900, 1200 und 1600 dpi und drucken Sie diese mit der besten Qualität Ihres Druckers. So können Sie für Ihren Drucker ermitteln, ab welcher Auflösung kein Qualitätsgewinn, sondern unnötig große Dateien die Folge sind.

♦ Als Anhaltswerte: 75 dpi für Internet-Bilder, 300 dpi für gute Ergebnisse und **600 dpi** reichen meist für perfekte Ausdrucke auf Glossy-Papier und mit einem sehr guten Tintenstrahldrucker.

20.2 Farben kalibrieren

Leider stellen alle **Geräte** (z.B. Bildschirm, Drucker, Scanner ...) die Farben etwas anders dar, so dass der Ausdruck oft anders ausfällt, als am Bildschirm angezeigt wird. Um die Farbdarstellung der Geräte aufeinander abzustimmen, können Sie **Farbprofile** laden.

Farbverwaltung starten:

Wählen Sie **Extras-Farbverwaltung**. Wenn Sie ein Profil anklicken, klappen die Unterpunkte auf.

♦ Bei jedem **Gerät** (Bildschirm, Drucker, Scanner) sind zunächst die Standardprofile geladen.

↳ Die Voreinstellung "**Allgemeines Profil**" beibehalten oder mit „**Von Profildiskette laden**" versuchen, ein Profil von der Treiberdiskette des Gerätes zu installieren.

Hinweis: links finden Sie Ihren normalen Drucker am PC, rechts einen **Auszugsdrucker** für die Druckvorstufe. Ausgewählte Farbprofile beeinflussen die Bildschirm- und Druckdarstellung.

20.3 PHOTO-PAINT einstellen

Im PHOTO-PAINT kann alles bei **Extras-Optionen** eingestellt werden, z.B. automatische Speicherung alle 10 Minuten (bei Speichern). Außerdem können hier auch Shortcuts für Befehle vergeben werden (bei Anpassung).

20.3.1 Die Optionen

➢ Wählen Sie **Extras-Optionen**:

Bei „Arbeitsspeicher" können Sie die Vorgaben für Rückgängig einstellen.

Beim **Start** von PHOTO-PAINT gleich zu **Datei-Öffnen** oder soll der Standard-Begrüßungsbildschirm erscheinen?

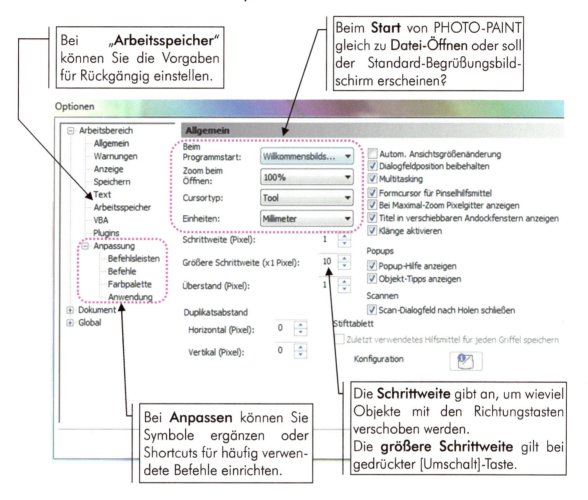

Bei **Anpassen** können Sie Symbole ergänzen oder Shortcuts für häufig verwendete Befehle einrichten.

Die **Schrittweite** gibt an, um wieviel Objekte mit den Richtungstasten verschoben werden.
Die **größere Schrittweite** gilt bei gedrückter [Umschalt]-Taste.

20.3.2 Speichern und Rückgängig

♦ Eine automatische Speicherung kann auf der Karteikarte **Speichern** eingestellt werden.

   ↳ Das kann bei großen Bildern sehr stören, weil dann das Speichern einige Zeit dauert und oft im unpassenden Moment beginnt.

♦ Die Anzahl für **Rückgängig** kann auf der **Karteikarte Arbeitsspeicher** eingestellt werden, da diese Funktion Arbeitsspeicher beansprucht!

20.4 Drucken

Eine genaue Beschreibung finden Sie im Buch zu CorelDRAW. Hier nur das wichtigste, da wichtige Befehle leider etwas versteckt wurden.

- ♦ Mit Datei-Drucken, **[Strg]-p** oder dem Symbol können Sie das Druck-menü öffnen.

- ♦ Gehen Sie weiter zu der praktischen **Druckvorschau**.

  - ↳ Dort können Sie bei **Einstellungen-Allgemein** ein Menü öffnen, in dem Sie auf der ersten Karteikarte Ihren Drucker einstellen, bei Layout die **Druckgröße** vorgeben, z.B. automatisch auf das gewählte Papierformat anpassen lassen.

  - ↳ Sie können das Foto auch mit der **Maus** im Vorschaubereich anfassen, **verschieben** und in der **Größe** an den Anfassern ändern, um so z.B. mehrere Fotos nacheinander auf das teure Glossy-Papier zu drucken.

  - ↳ Mit dem links abgebildeten **Symbol** die Vorschau verlassen.

20.5 Lineale, Gitter, Nullpunkt

sind Hilfsmittel zum genaueren Malen. Im PHOTO-PAINT zur Bildbearbeitung meistens nicht so wichtig, darum nur eine Kurzvorstellung.

20.5.1 Was ist das Lineal?

Um bei einer Zeichnung die Maße angeben zu können, wird irgendwo ein **Nullpunkt** (0, 0) gesetzt und von diesem waagerecht (X-Achse) und senkrecht (Y-Achse) weiter gezählt.

Im Corel hilft dabei das **Lineal**, das oben und links am Bildschirm die Koordinaten angibt. Und je nach Zeichnung ist es manchmal sinnvoller, in der Mitte mit 0 anzufangen, manchmal unten links.

- ♦ Mit **Ansicht-Lineal** kann dieses ein- oder abgeschaltet werden.

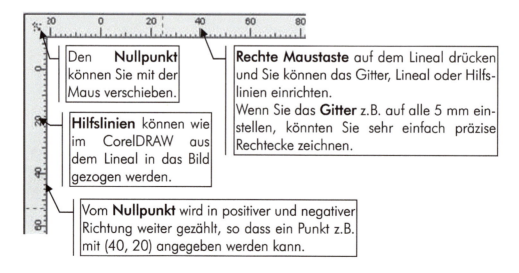

♦ Im PHOTO-PAINT können Sie bei **Ansicht** das **Lineal** oder das **Gitter** ein- oder ausschalten.

♦ Die **Einheit** ist bei Extras-Optionen-Dokument-Lineale wählbar.

    ↳ Zu diesem Einstellmenü kommen Sie schneller durch Doppelklicken auf das Lineal.

20.5.2 Das Gitter

Neben dem Lineal kann auch ein Gitter eingerichtet werden. Dann wird z.B. alle 5 Pixelpunkte eine Gitterlinie angezeigt. Wenn noch die Option **an Gitter ausrichten** aktiviert ist, kann auch im PHOTO-PAINT genau gemalt werden: **Ansicht-Ausrichten an-Gitter**.

♦ Das Gitter kann so eingerichtet werden: **rechte Maustaste auf dem Lineal, dann Gitter einrichten.**

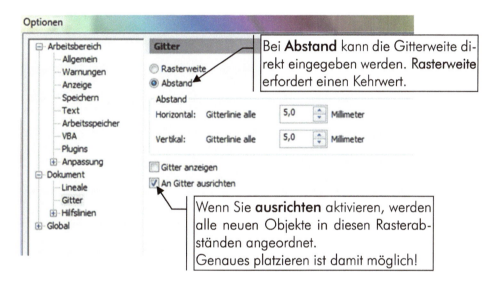

Im PHOTO-PAINT ist das Gitter, falls erforderlich, praktischer als Hilfslinien.

20.6 Programmteile nachinstallieren

Sie können jederzeit Programmteile nachinstallieren oder entfernen, indem Sie die **Corel-DVD** einlegen. Das ist oft praktisch, z.B. wenn Sie eines der beigegebenen Programme doch nie verwenden oder um etwa weitere Schriften oder Programmfunktionen nachzuinstallieren.

Das Setup startet sich meist selbst, wenn nicht, den Windows Explorer öffnen und die Datei autorun.exe von der Corel-DVD durch Doppelklicken starten.

20.7 Übersicht

- In **Ordner** aufgeräumt speichern, zusätzlich regelmäßig sichern!
- **Draw** (cdr) = **Vektor** = Linien, Formeln;
- **PHOTO-PAINT** (cpt) = **Pixel** = Punkte;
- **Grundaufbau**: Befehle – Symbole, Hilfsmittelpalette – Farbpalette;
- **Bildlaufleisten** erscheinen, sobald nur ein Bildausschnitt angezeigt wird, **Lineale** sind zuschaltbar.

Löschen:

- **[Strg]-z** für Rückgängig;
- Doppelklicken auf den **Radierer** löscht die ganze Zeichnung!
- mit Papierfarbe übermalen (Pinsel oder Rechteck für größere Flächen).

Text:

- **Textgröße**: Text markieren und in der Eigenschaftsleiste Schriftgröße einstellen,
  - auch an den Anfasserpunkten kann die Größe geändert werden, nach Möglichkeit jedoch nicht mehr vergrößern;
- **Drehen**: noch einmal anklicken, die Drehpfeile erscheinen,
- drittes Mal anklicken: Pfeile zum **Verzerren**;
- Schatten mit diesem Symbol ergänzen:

Zeichnen:

- **Auswahlpfeil** zum Anfassen;
- **Linie**, **Rechteck**, **Ellipse**, **Textwerkzeug A**;
- mit **[Strg]-Taste**: **Quadrat**, **Kreis**;
- **Lupe** zum Vergrößern;
- **Radierer**, **Farbeimer** zum Füllen;
- **Pinsel** zum Malen, **Wattestäbchen** zum Verwischen;

- **Einstellungen** in der Eigenschaftsleiste vornehmen.

Farben aus Farbpalette aufnehmen:

- linke Maustaste: **Linienfarbe**,
- rechte Maustaste: **Füllfarbe**;
- [Strg] + linke Maustaste: **Radiererfarbe**,
- oder mit **Pipette** direkt aus dem Bild;
- **Farbpalette** bei Fenster-Farbpaletten einstellbar, ideal sind Standardfarben.

Ausgewählte Effekte:

- Rauschen-**Rauschen entfernen**,
- Anpassen-**Tonkurve**,
- Kreativ-**Vignette**,
- 3D-Effekte-**Perspektive**,
- 3D-Effekte-**Relief**,
- Effekte-Verzerren-**Nasse Farbe**.

Ausgewählte Shortcuts:

Rückgängig und Kopieren:

[Strg]-z	Rückgängig
[Strg]-x, c, v	Ausschneiden, Kopieren, Einfügen
[Strg]-F12	Skizzenbuch öffnen

- Weitere Shortcuts finden Sie in jedem Menü in Photo-Paint rechts aufgelistet.

Zoom:

- **Zoom**: Lupe wählen und
  - linke Maustaste: **vergrößern**,
  - rechte Maustaste: **verkleinern**.

[F4]	Bild einpassen.
[F2], [F3]	vergrößern, verkleinern
[F9]	Ganzseitenvorschau (mit [Esc] zurück)

21. Index

www.ingramcontent.com/pod-product-compliance
Lightning Source LLC
LaVergne TN
LVHW071522070326
832902LV00002B/37